너희들에게 가는 _____ 따뜻한 속도

너희들에게 가는 따뜻한 속도

삶에서 실천하는 교육 이야기

초판 1쇄 인쇄 | 2022년 10월 05일
초판 1쇄 발행 | 2022년 10월 13일

지은이 | 김병재
발행인 | 이진호
편집 | 임지영, 권지연
디자인 | 트리니티

펴낸곳 | 비비투(VIVI2)
주소 | 서울시 중구 수표로2길9 예림빌딩 402호
전화 | 대표 (02)517-2045
팩스 | (02)517-5125(주문)

이메일 | atfeel@hanmail.net
홈페이지 | https//blog.naver.com/feelwithcom
페이스북 | https//www.facebook.com/publisherjoy
출판등록 | 2006년 7월 8일

ISBN 979-11-89303-98-3(13370)

너희들에게 가는　　　　따뜻한 속도

**삶에서 실천하는
교육 이야기**　　　　　　김병재 지음

값지고 꾸준한
사랑의 가치, 교육 철학

숲을 관찰하기 위해서는 두 가지 작업이 필요합니다. 하나는 숲속에서 구석구석 살피는 것이지요. 다른 하나는 숲 바깥에서 숲 전체를 보는 것이지요. 김병재 선생님은 학교 한복판에서 아이들을 만났고, 때로는 학교 바깥에서 농부의 눈으로, 공장 근로자의 눈으로, 학교와 학생을 보았습니다. 교사는 어떤 존재인지, 어떤 존재여야 하는지를 고민한 분입니다. 그때 저자는 두꺼운 벽 안에 자신을 가둔 채 힘들게 살던 아이들을 보았고 그 아이들에게 편지를 썼습니다. '최첨단 시대에 왠 손편지?'라는 분도 있을 겁니다. 그런데 그 편지는 학생의 자리로 내려가고, 그들과 하나 되어 같이 웃고 같이 우는 놀라운 일을 해냈습니다. 선생님과 학생, 학부모님들께 이 책을 추천합니다. 독자 저마다의 방식으로 다른 이들과 소통하는 소중한 시간을 가지면 좋겠습니다.

이규현 | 은혜의동산기독교학교 이사장

    교육 경력이 쌓이더라도 정체되지 않고 끊임없이 성장하는 교사를 '반성적 실천가'라 한다. 학교에서 새로운 상황을 마주할 때 회피하지 않고 조우하고 성찰하며, 창조적인 합을 만들어 내는 교사란 의미도 담고 있다. 저자 김병재 선생님이 학생들에게 쓴 편지의 사연은 참 아름답고 소중한 비밀들이다. 이야기 마디마디에 '반성적 실천가'로의 고뇌와 성찰은 독자의 마음에 울림을 준다. 제자들이 붙여준 별명처럼 호랑이 선생님으로, road maker로서 실수와 시행착오가 담겨 있고, 반성과 성찰의 글은 역설적이게 교사를 꿈꾸는 예비 교사나 교육계 분들에게 '반성적 실천가'로의 도전을 주는 귀한 이야기책이 되었다. 그와 제자들이 세상에서 소금과 빛으로 살아가기를 소망해 본다.

장슬기 | 높은뜻씨앗스쿨 교감, 『미래형 교육과정을 디자인하다』 공저자

    선생은 태생적으로 아프다. 가르침과 삶의 괴리 때문에 아프고, 가르치는 이의 아픔 때문에 아프고, 먼저 살아내야 한다는 의무감 때문에 아프다. 저자는 이 시대 선생들의 아픔을 그대로 써 주었다. 마음

을 담은 편지를 통해 이 시대 선생들이 어떻게 일어나 한 걸음 한 걸음 걸어야 할지를 보여주고 있다. 철학적이지만 진솔하고, 잔잔하지만 휘몰아치는 이 시대의 지성이 녹아 있는 책『너희들에게 가는 따뜻한 속도』!

이상찬 | 별무리학교 교장, 『미래를 여는 온오프라인수업』 공저자

교육의 밑바탕에는 사랑이 있다. 이 사랑은 다양한 모습으로 표현된다. 어떤 이는 배움을 사랑한다. 성취를 사랑하는 사람도 있고, 나눔이나 함께함을 사랑하는 사람도 있다. 저자 호랑이 선생님은 교육이 관계를 향한 사랑이라면서, 학생들 앞에 서면 사랑이 솟아오른다. 사랑하기 때문에 치밀하고 치열하게 가르치고, 학생들이 생각하고 행동하도록 밀어붙인다. 그러고는 '우와!' 하며 바라본다. 학생들을 보며 자신도 배우기 때문이다. 무엇보다 근원에 관한 질문을 놓지 않는다. 세상이 이대로는 안 된다며 다르게 생각하도록 안내한다. 사람들이 정해 놓은 목표를 향해 달리기보다 '값지고 꾸준한 지루함'의 가치를 인정하고 격려한다.

1장 '교사로 걷기'보다 2장 '학생으로 걷기'가 좋고, 3장 '교사와 학생, 함께 걷기'는 더욱 마음에 들었다. 4장 '교육, 삶으로 걷기'는 정말 좋았다. 읽어 보시라!

권일한 | 삼척남초등학교 교사, 『울리는 수업』 저자

이 책을 읽으며, 나름 괜찮은 교사라고 자만했던 마음을 들켰던 것일까? 동료로서 안심이 되었던 것일까? 복잡하면서 따뜻한 양가의 감정이 일렁였다. 오늘따라 눈부시게 빛나는 가을 햇살이 저자의 글을 똑 닮아 있었다. 교정을 걷는 나를 향해 "선생님, 사랑해요"를 외치는 아이들, 나 또한 온 마음을 닮아 손을 흔들었다. 조금 전 읽은 김병재 선생님 책의 힘이었다.

저자가 아이들에게 전하는 편지와 우리 사회에 전하는 교육 메시지는 교육의 상실, 바로 사랑에 대해 온전한 회복을 말한다. 교사는 어떤 의미로 살아가는지 사유하게 하고, 아이들이 지닌 고유한 색깔을 드러내는 교육은 그리해야 한다고 올곧은 언어로 말하고 있다.

교육 상실의 시대에 본질을 일깨워주는 책이다. 아이들 삶의 길이 되는 선생님의 발걸음, 내 마음도 따뜻한 속도로 움직였다. 이 땅의 모든 어른들에게 추천한다.

배정화 | 중등 교사, 『나는 혁신학교 교사입니다』 저자, 『배움의 시선』 공저자

삶으로 가르친 것만 진정 남는다! 저자는 교사가 단순히 지식 전달자의 역할에서 벗어나야 함을 절절하게 피력합니다. 교육의 본질과 교육 방향에 대해 김병재 선생님이 치열하게 고민한 흔적입니다. 이 책을 읽고 나서 우리 반 한 명 한 명의 존재가 더욱 사랑스럽습니다.

'하나의 존재'로 학생을 존중하고 사랑하는 저자의 교육 철학이 학생들에게 든든한 마음의 울타리가 될 거라고 확신합니다. 교사란 누구이고, 교육이란 무엇인가? 교사에게 그 어떤 책보다 공감과 위로와 용기가 될 책, 같은 꿈을 꾸는 교육의 동반자를 만난 것만 같아서 마음이 든든할 것입니다. 강력히 추천합니다.

최정윤 | 한홀초등학교 17년 차 초등교사, 『엄마를 위한 미라클 모닝』 저자

요즘은 손글씨 편지를 거의 쓰지 않습니다. SNS로 짧게 전달하는 데 익숙합니다. 저자 김병재 선생님은 그런 아이들에게 먼저 다가가 손글씨에 담긴 '진심'을 표현하고 따뜻한 악수를 건넵니다. 이 책에 담긴 '아이들에게 보내는 편지'에는 일방적인 가르침이 아닌 삶을 녹여낸 따끈따끈한 고민이 있습니다. 저자와 함께 산책하며 이야기 보따리를 풀어 가는 느낌입니다. 교육 현장에서 고민했던 것들에 대해 함께 감동하고 분노하며 수다를 떤 것 같습니다. 김병재 선생님이 지닌 교육 철학을 교훈 삼아 보다 나은 교육의 길을 열어 가고 싶습니다.

임선미 | 경기도 부천시 중흥중학교 교사

내가 상상하는 교사와 교육 철학을 바로 이 책에서 찾았습니다. 좋은 교사의 모습부터 다양한 교육의 방향까지 편지 형식으로 풀어낸

글에서 아이들을 사랑하는 저자의 큰마음이 느껴져 책을 읽는 내내 행복했습니다. 교실에 들어서자, 아이들이 다르게 느껴졌습니다. 사랑의 눈으로 독립된 인격체로 바라보게 되었고, '교사는 교과보다 훨씬 크다'라는 말에 행동 하나 하나 허투루 할 수 없었습니다. 이 책을 통해 아이들에게로 가는 여정을 경험하고 교사로 살아갈 수 있는 용기와 에너지를 얻었습니다. 이 책을 통해 교육의 본질을 추구하고 교육 실천을 함께하는 교사가 많아지기를 기대합니다.

박영미 | 중등 사회교사, 『배움의 시선』 공저자

혼자 간직하고 싶지만, 모두가 알아야 할 사람. 이 책으로부터 나온 우직한 힘은 나를 책을 읽기 전과는 다른 사람으로 만들어 놓았다. 별 생각 없이 지나친 단어 '교육'을 다시금 들여다보며 생각했다. 이토록 냉철하면서 포근한 선생님을 만나 본 적이 있던가.　　박예은 | 제자

학생 시절 "잘 살고 있니?"라는 독특한 질문에서 병재쌤을 알 수 있듯이 선생님은 늘 정체성에 대해 물으신다. 이 책은 순수한 편지들을 통해 학생, 교사 그리고 교육의 본질에 대해 묻는다. 나는 이렇게 묻는 선생님이 좋다.　　오정석 | 제자

차례

욕심쟁이 교사의 편지 쓰기

"우리 아이가 선생님이 무섭긴 한데, 사랑하는 마음은 알 것 같다 네요." 14년 전 교직을 시작할 무렵 학부모님이 들려준 말씀이었습니다. 첫 학교, 첫 담임을 맡았던 시절이라 그랬을까요? 열정이 넘쳤던 저는 아이들에게 요구한 규칙이 많았습니다. 규칙이 지켜지지 않으면 다그치기도 했습니다.

결국 '호랑이 선생님'이라는 별명이 붙게 되었지요. 당시 저를 바라 보는 학생들의 시선이 어떤지 짐작하실 수 있을 것입니다. 아이들을 사랑한다는 사실은 변함없었습니다. 딱딱한 말투에 때론 엄하게 꾸짖 지만 깊이 사랑했습니다.

아이들을 너무 힘들게 하는 건 아닌가? 자문한 적도 있었습니다. 그러던 중에 학부모님이 들려주신 그 한마디에 참 기뻤습니다. 확신이 생겼습니다. 아, 아이들도 아는구나. 학생도 저도 사람이었습니다. 각자 모습이 어떻든 교실에서 함께 생활하는 시간이 쌓여 갈수록 서로 알아보더군요. 누군가를 안다는 게 이렇게 기쁘고 벅찬 일인지 몰랐습니다.

학생들의 편지글을 읽으면서 행복했습니다. 시작은 수업 과제물이었으나 편지 쓰고 답장을 받고 싶은 욕심에 수시로 쪽지를 건네곤 했지요. 포스트잇, 낙엽, 연습장, 껌 종이, 돌멩이 등 눈에 띄고 손에 잡히는 모든 것이 편지지가 되었습니다. 어느 날은 등교하자마자 볼 수 있도록 칠판에 편지글을 써놓기도 했습니다.

욕심쟁이 교사의 편지쓰기는 어느덧 자신을 되돌아보게 만들더군요. 편지를 적는 동안 아이들에게 어떻게 다가가야 할지 고민에 휩싸였습니다. 부족한 모습이 부끄러워 눈물을 훔치기도 했지요. 하지만 일상을 전하는 교사의 편지가 아이들에게는 마냥 신기했나 봅니다. 그도 그럴 것이 학생들에게 소통이란, 핸드폰 문자만으로도 충분했을 테고 구태여 편지로 전할 이유가 없었으니까요.

손글씨로 마음을 전하는 경우라 해도 짤막한 몇 줄이 전부였을 뿐이니 문자 그 이상도 이하도 아니었을 겁니다. 하지만 학생들의 호기심을 자극했던 이유는 손글씨에 담긴 '어른'의 세계가 아니었을까요? 자신들 또래도 아니고 삼촌뻘, 아빠뻘인 교사 편지였으니까요. 디지털 세대인 아이들과 아날로그의 마지막 유물로 소통하려는 교사의 만남. 덕분에 저는 별난 교사가 되어 갔습니다.

무덤덤하던 아이들이 답장을 보내기 시작했습니다. 편지 왕래가 이어지면서 답장의 문구가 길어지고 내용은 깊어졌습니다. 얼굴을 보면 차마 털어놓지 못하던 이야기가 편지에서는 가능해졌습니다. 아이들을 속속들이 알아가는 기쁨을 누렸습니다.

교단에서 마주 보이는 아이들의 정면만 보다가 뒷모습도 알게 되었습니다. 옆면, 밑면, 윗면도 들여다보게 되었습니다. 수업만으로는 결코 알 수 없었을 겁니다. 편지는 아이들의 입체적인 생각과 일상을 보여주며 수시로 소통의 창을 열어주었습니다. 한 통의 편지가 내가 누군지, 교사란 무엇인지를 깨우치게 했습니다.

아이들의 답장을 읽고 또 읽으며 어떻게 살아야 하는가를 고민했습니다. '너는 요즘 무슨 생각을 하며 사니?'라는 한 줄 덕분에 되돌아보았다는 아이, '고맙구나'라는 말을 처음 들어보았다는 아이, '나는 네 편이다'라는 말에 흐느껴 울었다는 아이. 편지에 적힌 하나의 단어도 한 줄의 문장도 대충 넘기지 않았습니다.

"선생님처럼 생각하고 싶어요."

"선생님처럼 자녀를 키우고 싶어요."

"선생님은 저의 영원한 스승이십니다."

저 역시 이러한 고백이 책임감으로 다가와 그냥 넘길 수 없었습니다. 편지라는 매개를 통해 위로와 행복을 주고받으며, 우리는 거듭 성장할 수 있었습니다. 처음 맛본 글의 힘을 통해서 편지가 인격과 인격을 만나게 하는 만남의 장소라는 걸 깨닫게 되었습니다. 스치는 대화와 머무는 편지가 다르다는 걸, 소소한 일상 이야기지만 글을 통해 나누면 더 깊은 의미를 전달해 준다는 걸, 무엇보다 편지를 주고받은 아이와 눈이 마주치면 따스한 미소를 건네게 된다는 걸 실감했습니다.

문득 학생들과 나누었던 편지글, 그 조각들을 정리하고 맞출 필요를 느꼈습니다. 물론 저를 위한 일이었지요. 조금씩 쌓여 간 편지는 부족한 교사의 생각을 깨우치고 바로 세우는 데 커다란 주춧돌 역할을 했으니까요.

제 안에 전하지 못한 말이 여전히 맴돌더군요. 그래서 다시 쓰기 시작했습니다. 저를 만난 아이들, 아직 만나지 못한 이들에게 따뜻한 울림이 되었으면 하는 희망으로요. 편지는 저의 참회록이고 교육론이 되어 갔습니다. 교사로서 생활하는 동안 제가 어떤 생각을 하고, 어떻게 아이들을 만났는지 돌아보는 일은 행복했지만 부끄럽기도 했습니다. 편지를 주고받는 일은 그래서 더욱 놓치고 싶지 않은 기쁨이 되었습니다. 소소한 내용이지만 교사로서의 제 삶이 오롯이 담긴 글이니 저만의 교육 철학이 묻어날 수밖에요.

이 책을 '교사, 학생, 교사와 학생, 교육과 삶'이라는 네 개의 소주제로 구분해 보았습니다. 편지 내용에 따라 각각 장을 나누긴 했으나 무 자르듯 경계가 명확한 것은 아닙니다. 이 책을 읽을 분들과 함께 고민하고자 장마다 저의 고민을 세웠습니다. 제 생각은 끝에 정리해 두었고요. 고개를 끄덕이며 왜 이렇게 편지를 썼는지 이해하실 것입니다.

어쩌면 쉽게 술술 읽겠지만 사실 글쓰기가 쉽지 않았음도 고백합니다. 편지에 담긴 저의 삶과 교육의 일상을 들여다 봐주시겠습니까?

이 글을 쓰는 지금, 교실 창 너머로 저 멀리 운동장이 보입니다. 수업을 끝내고 저녁 식사를 마친 남학생들이 홀가분하다는 듯 뛰어다니고 있습니다. 해는 뉘엿뉘엿 지고 황금빛 놀이 서쪽 하늘 한 편을 채우고 있네요. 높낮이가 다른 아이들의 재잘거림, 운동장 위로 튀어 오르는 축구공에서 전해지는 공기의 파동, 보이진 않지만 멀리서 밝게 웃고 있는 아이들의 얼굴을 상상하는 이 순간을 기억의 공간에 저장해 두고 싶습니다.

저자 김병재

PART 1

교사로 걷기

S 교사 공부하고 싶고 연구하고 싶어요. 이런저런 여력이

안 된다는 핑계 아닌 핑계로 살아가고 있어요. 그런데 선생

님 덕분에 이런 욕구가 조금씩 해결되고 있어 늘 감사한 마

음이 가득 하답니당 :)

나 감사한 일입니다. 선생님이 잘하는, 선생님만의 것

을 보고 싶어요^^

- 스터디를 함께하기로 한 S 교사와 나눈 문자 중에서

교사는 걸어 다니는
교육과정이다

교사가 되겠다는 결심에 거창한 의미를 부여했던 건 아니었다. 학창시절에 '존경한다'는 말을 붙일 선생님을 만난 적이 있던가? 내 경우는 없었다. 교사가 되기까지 '스승의 날'이 언제인지조차 관심 없었다. 그런 내가 교사가 된 건 신기한 일이었다.

그래서 그랬을까. 대학 시절, 교직을 이수하는 중에도 어느 한 분야에 집중하지 못했다. 생물이라는 학문 외에 '교육'은 낯설고 새로웠지만 하나하나 재미있었다. 그동안 교육을 별것 아닌, 대수롭지 않은 일로 여겼다.

중고등학교 시절, 나를 가르쳤던 선생님들의 교육은 단순했다. 교사 혼자 설명을 늘어놓다가 종이 울리면 교실을 나서는 장면의 반복이었다. 특히 체육 시간은 배움과 거리가 멀었다. 이따금 배구 종목의 스파이크를 배웠던 기억이 있지만, 체육이라면 매번 축구공이나 차다가 운동장에 축구공이 던져지면 먹이를 쫓는 하이에나 떼처럼 수십 명의 아이가 공을 쫓아다녔다. 멀찌감치 떨어져서 이를 관망하는 체육 교사만큼 편한 직업도 없어 보였다.

그러나 대학에서 이뤄지는 교육은 차원이 달랐다. 어느 하나 사통오달 서로 걸쳐지지 않는 분야가 없었다. 교육이 이렇게 복잡한 영역임을 깨달아 가면서 내가 과연 해낼 수 있을지 의문이 들다가도 학문의 희열을 느꼈다. 공부가 재미있다니. 아무리 생각해도 신기할 따름이었다. 대학에 와서 처음 맛본 학문의 기쁨이 좋았던 건지 애초 '교육'이 적성에 맞았던 건지는 분명하지 않았다. 이유가 어떠하든 나는 교육의 세계로 빠져들고 있었다.

그때도 교육의 명확한 본질에 관해 알지 못했고, 교사가 되어 시간이 흐른 지금도 마찬가지다. 분명한 사실은 교육이 수많은 분야를 이어주는 전방위적인 영역이라는 점이다. 때론 감자를 캘 때처럼 하나만 건드려도 연구해야 할 주제가 무더기로 튀어나올 것만 같아서 책임이 무거워질 때도 있다.

그럼에도 교육을 공부할 이유는 확실했다. 적어도 기초 주제가 명확하게 다가왔다. 교사라는 이름으로 내가 서 있는 시공간에서 나의 중심이자 기초, 전부라고 말할 수 있는 것, 바로 '사람'이었다.

교사의 시선으로 아이들을 바라봤다. 좁은 교실에 옹기종기 모여 있는 아이들은 언제나 나의 관심을 요구했다. 그런 아이들에게 지속적인 관심을 퍼부었다. 때로는 온몸의 진이 빠져나갈 때도 있었다. 학생과 한두 시간이 넘어가는 상담을 마치고 나면 사탕과 초콜릿으로 당을 보충하지 않으면 버틸 수 없는 날들이 이어졌다. 때론 서너 시간이 넘게 상담을 할 때도 있었다.

에너지를 내뿜는 사람이 아니어서 가끔 혼자만의 시간이 필요했다. 책 읽고, 메모하고, 음악을 듣고, 주변을 가만히 응시하는 시간이 필요했다. 그렇게 멍하니 있는 순간은 오로지 나를 돌아보고 채우는 시간이었다. 지금도 그렇다. 이 시간은 교사의 시선을 외부로 향하기 위한 재정비의 시간이기도 하다. 아이들을 바라보던 시선의 방향을 바꿔 나 자신을 타자의 눈으로 바라보는 일. 그 시간이면 질문을 던진다. 나는 누구인가? 교사인 나는 어떤 사람인가? 그러나 시선의 방향이 어디를 향해 있건 결국은 역시 '사람'에게로 되돌아온다. 아이들이다. 나는 아이들에게 편지를 쓴다.

시작은 있지만 끝이 없는

왜 그랬을까? 가장 먼저 두 아들과 딸의 얼굴이 머릿속에 떠올랐어. 어쩜 그렇게 사랑스러운지, 세 아이를 보고 있노라면 어쩔 수 없는 아빠 미소가 하염없이 피어나곤 하지. 자식이란 가끔 부모 마음을 힘들게 할 때도 있지만 가슴 밑바닥부터 솟아나는 묵직하고도 밀도 높은 사랑은 변한 적이 없었으니까.

그런데 떠오르는 얼굴이 계속 늘어나더라. 수많은 얼굴들이 바람처럼 스쳐 지나가는 중에 가슴이 짜릿할 정도로 넘치는 애정을 주었던 얼굴들이 떠올랐어. 맞아, 나의 제자인 너희 얼굴이 차례로 떠오르더라. 너무 벅차서 울컥할 정도로 말이야. 언젠가 너희들이 이 글을 보려나? 아니, 이 편지를 끝마칠 수는 있을까. 아무래도 상관없어. 지금 편지를 쓰고 싶을 뿐이야.

너희는 먼저 태어났다는 이유만으로 나를 존중해 주었지. 내 말이라면 어찌 그렇게 믿고 들어줄 수 있었을까? 혼자만의 착각이었을까? 그러면 또 어쩌겠니? 이렇게 가슴 아리도록 너희들을 가슴에 품고 있으니 말이야. '아빠', '선생님', '병재쌤', '호랑이 선생님'처럼 한 자 한 자 꾹꾹 눌러 쓴 너희들의 편지가 지금도 책상 서랍을 한가득 채우고 있거든.

　이 글을 쓰는 동안에도 너희들이 가까이 있는 것처럼 느껴지곤 해. 평소 잊고 지내다가도 편지지를 펼치면 한 글자 한 글자가 너희인 양 얼굴과 몸짓이 저절로 떠올라서 얼굴에 팔자주름이 패도록 아빠 미소를 짓곤 하거든.

　누군가 이름을 불러준다는 게 이렇게 행복한 줄 몰랐어. 존재를 확인하듯 나를 부르는 글자들을 한참 쳐다보곤 한단다. 살아가면서 자신의 존재를 인식한다는 건, 혼자 힘으로 할 수 있는 일이 아니었어. 나를 부르는 목소리로 인해 인식하고 증명할 수 있는 거였어.

　그럴 수밖에 없었던 게, 너희들은 내 허벅지를 잡고 늘어지기도 하고, 내 손을 잡고 걸으며 나를 의지하고, 눈물을 보이며 이런저런 고민을 털어놓았거든. 나를 아빠처럼 여기면서 선생님이라고 부르던 너희가 있었으니까 가능한 일이었어.

　내가 누구인지 내 입으로 말할 수는 없잖아. 너희가 나의 존재를 알려줬지. 여기 누군가에게 필요한 존재임을 깨닫게 해주었어. 우리가 서로 긴밀하게 연결되어 있음도. 너희들은 늘 내게 고맙다고 했지만 사실 고맙다는 말은 내가 하고 싶어. 신기하게도 너희들은 과거에 머물러 내 삶의 한 시절로 스쳐 지나가는 존재가 아니더라. 너희와 나눈 이야기는 여전히 내 생각을 이루고 너희와 웃고 울던 일들은 내 마음이 되었지. 함께 걷던 그 길의 공기와 밀도가 지금도 내 몸에 배어 있을 정도니 말이다. 어쩌면 삶을 마칠 때까지 이러한 기억을 안고 미래를 바라보며 현재를 걸을 거야.

요즘도 한 아이를 바라보면 예전의 너희들이 떠오르고, 또 다른 한 아이를 바라보면 또 다른 너희들이 떠오른단다. 내 기억의 층층마다 겹겹이 쌓인 너희들과의 기억은 지금 눈앞에 있는 아이들을 더 사랑하고 이해하도록 도와주더라.

불현듯 가슴이 묵직해진다. 아마도 너희들이 채워준 행복의 무게감 덕분일 거야. 다른 교사와 학생들의 사이도 우리처럼 이러할까? 예전에 나를 가르쳤던 선생님들도 이렇게 생각했을까? 한 가지 분명한 건 언제까지나 편지를 쓰고 싶다는 사실이야. 편지를 쓰는 동안 우리의 기억은 영원할 테니까. 사랑한다.

· LETTER 2 ·

어른이라서 미안해

너희들 앞에 서면 종종 미안함을 느끼곤 했어. 가끔 '왜 미안해야 하지?'라고 생각할 수도 있을 텐데 어쩐 일인지 한 번도 그런 생각이든 적이 없었어. 어른이라서 그런가? 대체 나는 왜 이렇게 미안하기만 한 걸까? 무엇보다 너희들을 더 많이 사랑하고, 더 많은 이야기를 나누지 못한 것이 후회스러워. 너희와 함께하는 시간이 이렇게 빨리 흘러갈 줄은 몰랐어.

사실 더욱 미안한 게 있었어. 나를 감싸고 있는 이 세상이 어느 때는 너무 익숙해서 그런지 느끼지 못하다가 문득문득 왜 이토록 차가운지 깨닫는 순간이 있더라. 하긴 교사일 뿐인 내가 뭐라고 거대한 세상을 보며 너희 앞에서 미안한 마음을 가지는 건지. 그래, 누군가는 그런 나를 비웃을지도 몰라. 나도 그런 내가 웃기거든.

그럴 때마다 수치스러울 정도로 너희들에게 미안해. 왜 이런 세상밖에 물려줄 수 없었을까. 이 사회의 어른으로 나이 많은 선배로서 너희에게 나와 똑같은 경험을 하게 만들었다는 자책감에 사실 괴로웠지만 겉으로 드러낼 수는 없었어.

사무치도록 죄책감을 느꼈던 날은 2014년 4월, 차마 날짜를 입에 담기조차 힘들었던 그 날이야. 눈으로 보면서도 믿을 수 없는 참상을 실시간 뉴스로 지켜보면서 허망하게 떠나보낼 수밖에 없었던 그들을 생각하며 너희를 떠올렸어. 애써 숨겨두었던, 외면했던 미안한 감정이 고개를 들더니 방죽처럼 터져 나왔고 마침내 나를 뒤덮어 버렸어. 그날 얼마나 흐느꼈는지 몰라.

교단에 다시 설 수 있을까? 그런 의문이 나를 짓눌렀어. 우리 아이들에게 무엇을 어떻게 가르쳐 왔단 말인가? 이 같은 질문이 터져 나왔지만, 시간은 속절없이 흐르고 세상은 거짓말처럼 원래의 제자리를 되찾아갔지. 학교도 마찬가지였어. 수백 명의 학생이 떠나간 그 빈자리가 원래부터 그랬던 것처럼 아이들을 다시 입시 지옥 앞으로 내몰더구나.

4월, 어찌 보면 일 년 중에 가장 찬란하게 빛나고 화창해야 할 그 계절이면 해마다 무거운 죄책감이 내려와 앉아. 이 편지를 쓰는 지금도 4월이야. 그래서 더욱 미안해. 나도 어른이지만 조금도 반성하지 않는 어른들이 이해가 되지 않거든. 어릴 때는 사회에 대해서 쥐뿔도 모르면서 서태지의 〈교실 이데아〉를 목청껏 외치며 종주먹을 휘두르곤 했어. 그땐 그게 내가 할 수 있는 전부였는지도 몰라.

정작 무서운 건 시간이 지나고 보니 나 역시 거대한 사회의 수레바퀴 아래에서 허물어지더라. 호기롭게 외쳤던 구호가 덧없이 사위어갔지. 어느 날 눈 떠 보니 흉측한 벌레가 되어 있었다는 카프카의 소설『변신』처럼 나 또한 이상한 어른이 되어 있더라고. 이런 내가 어른이라니. 맙소사!

사실 제 몸 하나 추스르기도 힘겨웠지만 내게는 너희가 있었지. 아이러니하게도 그 난감한 마음이 나를 일어서게 했던 힘이었던 것 같

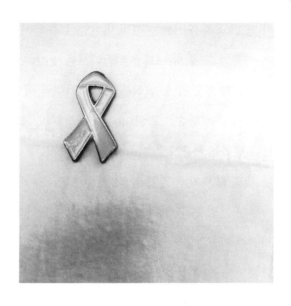

아. 교단에 서서 나를 향해 반짝이는 눈동자를 마주할 때면 나조차 가누지 못하는 부족한 사람이라는 사실을 숨겨야 했지. 그렇게 너희 앞에 다시 설 용기를 내게 된 거야. 뭐 하나 제대로 준비된 것도 없으면서 말이야.

그래서 무엇이 되든 값진 것을 주기 위해서 더욱 발버둥을 쳤던 것 같아. 너희들이 언제든 내 등에 기댈 수 있도록 너희 곁에 있으려고 노력했단다. 누구보다 넉넉한 어른의 품으로 보듬어주고 싶었어. 그런데 말이지. 너희에게 등을 내주고 앞을 바라보는 내내 막막하더라. 내 앞을 가로막은 건 무성한 수풀에 가려진 길이 아니라, 아무것도 없이 텅 빈 공간을 가르는 잿빛 벽이었어. 눈앞이 캄캄해졌지.

하지만 등 뒤의 너희를 뒤돌아보며 괜찮다고 말해야만 했단다. 괜찮을 리가 없었지만, 너희를 안심시키려면 어쩔 수 없었어. 뒤돌아서면 잿빛 벽을 맨손으로 긁어 대기 시작했지. 조금의 틈이라도 뚫어 볼까 기대하는 마음으로 말이야.

과연 옹벽이 뚫리긴 할까? 괜한 헛짓은 아닐까? 수많은 회의가 찾아왔지만 멈출 순 없었지. 벽을 긁어 댈 단단한 도구를 찾기 위해 여기저기 기웃거렸어. 내 도구는 책과 공부가 전부였거든. 전에 말했나? 나는 책을 좋아했던 사람이 아니었어. 다만 뭔가를 찾아서 읽지 않으면 그나마 아무 일도 할 수 없었거든. 나야 뭐 이렇게 살아도 그만이지만 우리 아이들은 어떻게 하지? 그런 마음이 들었어.

얼마나 시간이 흘렀을까? 등 뒤에 있다고 생각하던 너희가 내 옆에 있더라구. 그리고 괜찮다며 위로해 주는 거야. 얼마나 놀랐는지 몰라. 너희들이 내 진심을 알고 있다는 사실은 놀라운 발견이었어. 그사이 이렇게 자랐구나 싶기도 했지. 아무튼 무척 감동했단다.

그때와 비교해서 우리 사회가 그다지 성숙해지거나 달라진 건 없는 것 같아. 그 후로도 교단을 떠나지 못한 나의 삶은 어떻게 변했을까? 내게 분명한 것은 2014년 4월을 잊을 수 없다는 거지. 책상 앞에는 아직도 여전히 그 당시 만든 노란 피켓이 있단다.

자녀, 학생들을, 정의가 없는 이런 사회에서 살게 할 순 없습니다. 한 명

의 어른으로서 미안합니다. - 아빠, 교사 김병재

이 문구를 참회하듯 한 자 한 자 눌러 썼지. 머리를 빡빡 밀고 광화
문 광장에서 들었던 그 피켓 말이야. 종종 피켓의 문구를 되뇌이게 되
더라. 당시의 죄스러운 심정이 고스란히 살아나곤 해. 너희들은 여전
히 내 앞에서 교사의 삶에 질문을 던지고 있어. 너희들은 괜찮다고 하
겠지만 나는 여전히 부족해서 미안하고, 많이 사랑해. 이 말이 하고
싶다.

· LETTER 3 ·

학교를 떠나게 되었어

교실이 어쩌다가 이 지경이 되었는지 모르겠다. 12년이라는 학창
시절 내내 문제집만 풀고 있더라. 예전이나 지금이나 마찬가지지만
너희가 학교에서 삶을 배우길 원했어. 하나의 정답만 선택하는 삶이
보통의 성공적인 삶은 아니잖아?
정답을 외우고 숙달시켜 인생의 모범답안을 선별해 낼 수 있다면

우리는 세계 어느 나라보다 훌륭한 교육제도를 가진 나라일 거야. 현실이 그렇지 않다는 건 누구나 알고 있지. 알고 있지만 거스르지 못하는 흐름, 아무도 거부하지 않고 순응하는 상황이 내가 마주해야 하는 교육의 민낯임을 알았을 때 기가 막히더라.

나는 종종 침묵하기도 했단다. 무시해 버리면 간단한 일인 것처럼 모르는 척하기도 했어. 머릿속에 떠올리지 않으려고 무던히 애썼던 거야. 그런데 도저히 그렇게만 할 수 없더라. 침묵은 끝내 아무것도 해결해 주지 않았으니까.

너희들과 함께 '딴짓을 하기'로 결심했어. 기억나니? 끝도 없는 문제 풀이에 지쳐 가던 너희들이 답답함을 호소했을 때 한적한 바닷가로 데려가서 읽고 싶은 책을 실컷 읽게 했던 일 말이야. 학교라는 조직과 제도 교육의 관성에 맞선다는 건 쉬운 일은 아니었단다. 왜 현실을 보지 못하냐는 질책도 꽤 들어야 했지. 쉬운 길을 두고 더 외딴 길을 찾았던 것은 그래서였는지도 모르겠어.

행동하는 자만이 현실을 변화시킬 수 있고 이것이 미래를 위한 준비라고 믿었던 거야. 참 힘든 일이더라. 주위에서 자꾸 이상한 사람 취급하는 것 같아서 아니, 너희를 잘못된 길로 인도하면 어쩌나 하는 불안함이 불쑥 찾아오곤 했어.

쉴 새 없이 찾아오는 자책감을 가지고 너희 앞에 선다는 건 이중의 고통이었어. 거대한 관성을 마주할 때면 뼈마디까지 고통이 전해져 왔거든. 학교는 여전히 너희들을 자신이 아닌 다른 것에 집중하도록 가르치기도 하잖아.

배움이 어떤 직접적인 작용을 하는지, 배움이 너희들을 어떻게 성장시킬지 너희들 자신의 이야기에 귀를 기울여야 했지만, 교육 현장은 그렇지 못했어. 매 순간 벽에 부딪혀 가며 비난의 손짓을 받는 일도, 한숨 섞인 한탄을 내뱉는 일도, 손을 모으고 원망하듯 기도하는 일도 지쳤어. 결국 힘에 부친 나머지 교육 현장을 떠나고 말았지. 그 결심을 했을 때는 기약이 없었는데 비겁하게 2년이나 떠나 있었단다.

교사로 일한 10년 동안 내 힘으로는 아무것도 바꿀 수 없더라. 무력감이 찾아왔어. 조금 더 고민했다면 계속 그 자리를 지키고 있었을까. 모르겠어. 나는 미련 없이 너희를 떠나 공장에서 일하기로 했던 거야.

공장 업무는 기계처럼 정확했어. 숫자가 모든 것을 대변했고 내가 만들어야 할 제품의 규격, 재료의 중량, 제품의 가격까지 온통 숫자로 표현되었지. 몸은 학교에서 벗어났지만, 마음은 너희들을 떠날 수 없더라. 공장의 제조 공정과 다를 바 없던 교육의 틀 안에 있는 너희들이 자꾸 떠올랐어.

교육의 본질을 다시 묻게 된 것은 공장노동자로서 살아가던 그 무렵이었을 거야. 체제와 구조가 인간을 아둔하게 만든다는 걸 비로소 깨닫게 되었어. 나를 둘러싼 구조 밖으로 나가 보니 내가 있던 곳이 어떤지 알 것 같더구나.

학교를 떠나니까 학교가 보이는 거야. 어이없지만 그랬어. 내가 있던 학교는 물론이고 다른 학교들의 현황이 조금 더 분명하게 눈에 들어왔지. 전국 곳곳에 있는 교사들을 만나기 시작했어. 사실 이 정도면 노력해 왔다고 자부하고 있었거든. 그게 아니었어.

내가 만난 교사들은 나보다 훨씬 아니, 나와는 비교가 되지 않을 만큼 애쓴 분들이었지. 질투가 날 정도로 탁월한 그들이 나처럼 자신들이 있는 현장에서 몹시 아파했던 거야. 우리는 교실과 교육에 대한 성토와 함께 속내를 털어놓으면서 마음을 열었어. 남몰래 간직했던 고민의 무게가 같았고, 서로가 뿜어내는 파장이 같으니 자연스럽게 공명이 된 거지.

내가 그랬던 것처럼 교사라면 누구나 똑같은 괴리감을 느끼고 있었던 거야. 어찌나 아프고 미안하고 설레던지. 그들과 두려움과 불안, 사랑과 희망을 나누면서 참 많은 것을 배웠어. 내가 만난 교사들이 기울였던 노력을 알게 되었지.

나를 뉘우치고 돌아보는 시간이었어. 깜깜한 우주 공간에 나 말고는 아무도 없다고 생각했는데 그렇지 않았던 거야. 여기저기 흩어져서 최선을 다해 반짝이고 있었던 거야. 꺼져갈 듯 위태로운 불빛이라고 해도 끝내 놓지 않았더라고. 세상 어떤 일이 쉽기만 하겠냐마는 가르친다는 일도 낭만과는 거리가 멀었지. 현실이 처절할수록 그 속에서 아름답게 빛나는 게 교육이었던 거야.

교사는 익숙한 자리와 현실의 안온함에 안주해서는 안 된다는 걸 깨달았어. 그처럼 안일한 마음이 들 때면 교육의 본질을 벗어나게 된다고 투사처럼 생각하게 되었지. 아, 오늘도 편지가 길어졌네. 너희들 앞에선 무심결에 수다쟁이가 되는 걸 보니 너희를 얼마나 의지하는지 알겠지?

· LETTER 4 ·

다시 너희 앞에

살다 보면 계획하지 않은 일을 마주할 때가 많았지. 나는 이끌리듯 너희를 다시 만나게 되었어. 전국의 교사들을 만나고 다니는 동안 여러 군데에서 도움의 손길을 요청해 왔지. 지금 생각해 보면 그런 제안이 왔을 때 깊이 고민한 후에 결정을 내렸으면 좋았을 것을, 당시 나는 그러지 못했어.

어찌나 기분이 좋은지 앞뒤 재지 않고 곧장 수락했지. 그냥 너희들이 좋아서, 너희들을 빨리 보고 싶었던 마음이 앞섰던 거야. 까만 하늘의 별빛처럼 반짝이던 너희들이 나를 교육 현장으로 되돌아오도록 기도해 주었다고 믿어. 진력나고 힘들고 무서워서 떠났던 내가 언제 그랬냐는 듯이 다시 너희를 만나겠다고 하게 된 거야. 내겐 기적과도 같은 일이었어.

사람이란 참 간사한가 봐. 너희를 만날 설렘에 비하면 나의 초라함이나 민망함 따위는 정말 아무것도 아니었어. 다만 다시 너희와의 만남을 준비하면서 뭔가 달라져야 했어. 학교 현장과 공장에서 느꼈던 고민의 폭만큼, 아픔을 느꼈다면 상처의 깊이만큼 의미 있고 좋은 것을 전할 수 있길 바랐지.

학교를 떠나 있는 동안 가장 많이 받았던 질문이 뭔지 아니? 교사가 왜 학교를 떠나서 다른 일을 하냐는 말이었어. 여러 의미가 담겼겠지. 단순히 호기심 어린 질문일 수도 있겠지만 시간 낭비하지 말라는 꾸지람으로 들리기도 했어. 학교에서 떠난 걸 후회하고 있는 게 아니냐고 추궁하는 것 같기도 했으니까.

학교를 벗어나 지내던 2년은 그 어떤 시간보다 소중했어. 교육 현장에서 멀찌감치 떨어져서 객관적인 시선으로 바라볼 수 있었던 건 행운이기도 했어. 수많은 사람과 함께 나누기도 했고, 땀 흘리며 일할 수 있었던 것도 감사해. 나 홀로 책을 읽고 공부하며 냉철하게 돌아보는 시간이 주어졌던 거야. 무엇보다 학교에 있을 때 가족과 지내는 시간이 부족했는데 더 많은 시간을 함께할 수 있었어.

가족들과 나눈 말과 몸의 대화, 세상 무엇보다 값지고 소중한 것이었지. 그 시간의 깊이와 폭은 내게 어떻게 살 것인가를 직면하게 하는 의미이기도 했거든. 그 시간이 정말 소중하게 아로새겨 있어.

정말이야. 내 몸으로 살아 내는 동안 스며 있는 갖가지 의미를 전해 주고 싶어. 하나의 존재가 다른 존재에게 건네는 삶의 암묵적 메시지가 어떨지 궁금하지? 너희를 나와 같은 사람으로 느끼고 바라보게 되었고, 더 많이 사랑하고 싶어지더라. 너희 삶에 선한 영향력을 건넬 수 있기를 진심으로 바랐단다.

그 이후 더욱 사람에게 집중하게 되었어. 교사인 나도 학생인 너희도 결국 사람이니까. 넓은 범주의 인본주의 교육이라고 할까? 학생 중심 교육이라고 하면 구체적이려나. 한 사람의 존재를 교육의 기초로 삼는 일이라니. 얼마나 가슴 벅차 올랐는지 몰라. 사람의 온기가 스며 있지 않은 교육을 어떻게 교육이라 부를 수 있겠어?

우선 너희 생각, 마음, 몸을 먼저 생각하게 되더라. 한편으로는 나란 사람도 어쩔 수 없는 관성의 동물이기도 해서 이러한 의지를 불태우지 않으면 원점으로 돌아갈까 두려웠지. 내 안에서 변혁의 행동을 이끌지 못하면 이리저리 휩쓸릴 것만 같았거든. 표류하려는 나를 단단히 고정시킬 닻이 필요했지.

너희는 그런 내게 닻이 되었던 거야. 처음처럼 교직 첫날로 돌아가 교사로서 내게 학생은 어떤 의미인지 고민해야 했어. 그때가 그런 시점이었지. 예전에 광활한 우주에 희미하게 빛나는 수많은 빛에 관해 이야기한 적이 있었지?

이제 다시는 막연한 무기력이 나를 집어삼키도록 내버려두지 않을 거야. 오래도록 가로막던 잿빛 벽 사이로 또렷한 틈새를 보았으니까. 틈이 좁아서 그 사이로 엿볼 수 있는 풍경은 감칠맛이 날 정도였지만 어쨌든 감사해. 좁디좁은 틈새 덕분에 숨통이 트였고 웃을 수 있었으니까.

그렇게 다시 만난 너희들은 나를 위로했지. 놀라웠어. 교실로 되돌아간 나를 환한 표정으로 반갑게 맞이해 주었던 거야. 한마디 말에도 귀를 기울여주었고, 두 눈을 반짝이며 어찌나 질문을 해대던지, 그 순간 행복했어.

모둠별 나눔 수업시간이면 왁자지껄 시끌벅적해도 내 귀에는 너희들 목소리가 맑게 울려퍼졌지. 변성기를 지나느라 쉰 목소리도 있었지만 그렇게 낭창낭창하게 들릴 수가 없었어. 내 곁에 바짝 붙어서 예전에는 별로 궁금하지도 않아 했던 내게 일상을 조잘조잘 이야기하는 너희를 만날 때마다 얼마나 감사했는지 몰라. 하루에도 수십 번 너희들의 생생한 표정과 미소를 마주할 때마다 저절로 감사 기도가 떠올랐단다.

편지글을 적어 내려가는 지금도 콧날이 시큰거려. 너희는 내게 늘 감사하고 인사하지만 정자 내가 얼마나 고마워했는지 아니? 오늘도 이 편지를 빌려서 고마운 마음을 전할게. 아마 볼 때마다 말하게 될 거야.

저것은 절망의 벽이라고 말할 때

담쟁이는 서두르지 않고 앞으로 나아간다

한 뼘이라도 꼭 여럿이 함께 손을 잡고 올라간다

푸르게 절망을 다 덮을 때까지

바로 그 절망을 잡고 놓지 않는다

- 도종환의 시 〈담쟁이〉 중에서

너희를 볼 때 떠오르는 시야. 도종환 시인의 〈담쟁이〉라는 시. 내일이면 또 만날 텐데, 이 시를 읽으니 너희들이 보고 싶구나.

발자국 소리가 쌓이고

고구마, 감자, 단호박, 방울토마토, 참외, 땅콩, 옥수수, 박하, 라벤더 등이 심어진 텃밭을 바라보면 마냥 좋더라. 씨앗을 심고 텃밭을 일구는 일은 힘들지만 여간 재미있는 일이 아니지. 재미있다는 표현이 좀 가볍게 느껴지긴 해도 가장 좋았던 건 머리가 맑아진다는 거야. 마음속에 이런저런 고민이 있거나 머리가 복잡할 때, 텃밭의 잡초를 뽑고 삽질을 하며 땀을 흘리고 나면 얼마나 개운하던지.

공기는 여전히 쌀쌀하지만 따사로운 봄볕이 내리쬐는 계절이 오면, 삽을 들고 텃밭으로 가서 겨우내 얼었다가 녹은 땅을 온통 뒤집는단다. 그리 넓은 땅은 아니지만 고릿한 냄새 나는 퇴비를 골고루 뿌려가며 한바탕 흙을 뒤집어야 하는데, 한나절이 지나 끝내고 나면 온몸이 쑤셔오지.

잠시 골고루 흙을 뒤집어 놓은 텃밭을 바라보고 있다 보면 기분이 좋아. 개운하게 쑤신다는 표현이 딱 들어맞는 표현일 거야. 집으로 돌아오면 차를 마시곤 해. 내 손으로 직접 키운 박하와 라벤더는 차를 우려내어 마시면 안성맞춤이란다. 공부하거나 책을 읽을 때 더 좋아. 언제든지 너희가 찾아오면 대접할게.

초보 농부일 때는 도저히 이해되지 않는 것이 있더라. 분명 똑같은 씨앗을 심었고, 같은 시간에 물을 주었고, 같은 비료를 주었는데도 열매가 맺히는 걸 보면 어쩜 그렇게 다를 수 있는지 말이야.

여름이 오면 텃밭의 가지마다 조롱조롱 열매가 달리지. 그때마다 늘 궁금했어. 가지마다 달린 단호박이 어떤 건 주먹만 한데, 어떤 건 내 얼굴보다 크니 그럴 수밖에. "될성부른 나무는 떡잎부터 알아본다던데… 요 녀석은 안 될 녀석인가 보네." 이렇게 중얼거리면서 혼자 섣부른 판단을 내리곤 했지.

결국은 씨앗을 탓했어. 돌아보면 미련한 생각이었지만 이런 결론은 단호박 하나로 끝나지 않았어. 고추도, 참외도, 옥수수도 결국 고정관념이라는 사고의 깔때기 속으로 빨려들어 갔던 거야. 딱히 더 나은 의미를 찾을 이유도 없었어. 노동으로 애써 맑아진 머릿속을 다시 복잡하게 만들기도 싫었거든.

신기한 건 또다시 너희들 생각이 나더란 말이지. 머리를 비우고 가슴을 식히려고 일부러 힘든 텃밭을 일구면서도 너희를 떠올렸어. 흔히 자녀 양육을 '자식 농사'에 빗대곤 하잖아. 왠지 그 말이 싫었어. 사람을 식물과 비교하는 게 마음에 들지 않았거든. 그러다 텃밭 농사를 지으며 품은 질문들이 너희들과 맞닿아 있다는 걸 제대로 깨달았지.

농사 역시 쉽지 않은 일이야. 손바닥만 한 텃밭 하나 가꾸는 것쯤

이야 대수롭지 않은 일이라고 생각했는데 점점 일이 크게 벌어졌지. 농사는 섬세한 작업이라서 하나하나 공부해야 했어. 작물의 품종마다 흙이 머금은 물의 양, 흙의 높이와 너비, 중간 중간 북돋아야 하는 흙의 양까지 제각기 달랐지. 어떤 녀석은 햇빛을 좋아하고, 어떤 녀석은 그늘을 좋아했어. 그런데 이렇게 다양한 품종이 같은 밭에 나란히 있는 걸 보노라면 참 대견하고 아름다워 보이더라.

동일 작물을 대량생산하는 밭에서는 하루라도 문제가 없는 날이 없단다. 작물의 품종이 같으면 같은 벌레가 많이 꼬이고, 병이 돌면 다 같이 죽어 간단다. 작물을 살리겠다고 방제약을 뿌리면 벌레와 함께 땅이 죽어 가는 결과를 만들지. 하물며 자연도 이러할진대 그보다 더 오묘한 사람이야 더 말할 필요가 없지 않을까.

사람이 건강하게 살아가려면 각자의 자기됨, 나만의 것이 모이고 쌓여야 한다고 생각해. 너희도, 학교도 어쩌면 텃밭과 비슷하지 않을까? 학교라는 텃밭은 너희들의 흔적으로 채워야 하는 거야. 그곳을 거쳐 간 수많은 아이는 각기 다른 흔적을 남기고 그 흔적이 쌓이고 쌓인 그 자리를 또다시 너희들이 채워서 새로운 흔적을 남기면 긴 궤적의 역사를 이어가게 되겠지.

사람의 흔적 하나 없이 유리처럼 매끈하기만 한 교육은 이미 메말라 간다는 증거가 아닐까. 너희들이 옹기종기 모여 있는 자리는 너희만의 향기가 흩날리면 좋겠다는 생각이 들어. 단 하나의 진하고 특별한 향기가 교실을 가득 채우지 않았으면 좋겠어. 그건 숨 막히는 일이야. 너희들의 수만큼 갖가지 향기가 교실과 학교에 조화롭게 퍼져 나가기를 바라. 꽃병에 꽂힌 한 송이 진한 장미향보다 아름드리 꽃밭이 더 좋은 이유가 아닐까? 학교라는 공간이 다양한 향기가 조화롭게 어우러질 수 있도록 풍성해진다면 더 바랄 것이 없을 것 같아.

텃밭의 작물은 농부의 발걸음 소리를 듣고 자란다는 말이 있지. 나 역시 텃밭의 작물을 어느 하나 빼놓지 않고 세심하게 살피게 되더라. 어제는 조그맣던 호박 줄기가 오늘 가 보니 이만큼 더 자랐다는 사실을 오직 나만 알고 있다는 거, 멋지지 않니?

때론 잡초들이 뒤덮어서 땅이 잘 보이지 않아도 능숙한 농부처럼 사방으로 뻗은 참외 줄기를 밟지 않고 걸을 수 있게 되었어. 암꽃과 수꽃이 피었던 자리, 꽃이 떨어지면 어디에 열매가 맺히는지도 똑똑히 기억할 수 있게 되었단다. 해가 뉘엿뉘엿 내려앉을 무렵까지 하루도 빼먹지 않고 텃밭을 살피다 보면 비록 농부는 아니지만, 그 누구보다 내 텃밭에 관해 잘 알 수밖에 없더구나.

단호박의 크기가 제각각인 건 단호박의 잘못이 아니야. 다 똑같은 줄 알았던 호박 줄기도 전부 다르더라. 순을 치는 시기도, 줄기가 뻗을 수 있도록 자리를 잡아주는 것도 달라야 했어. 물과 비료를 주는 시기 또한 달랐지. 단호박이 고작 주먹만 하게 자란 건 그에 알맞게 대해 주지 못했기 때문이었어. 세상에 하나밖에 없는 단호박을 다 똑같은 단호박으로 대했던 나의 불찰이었어.

아! 그렇다고 내가 수박만 한 큰 단호박을 기대했다는 건 아니야. 튼실한 열매가 맺힌다면야 더할 나위 없겠지만, 단호박의 크기가 작더라도 그것이 최선이라면 받아들여야 하는 거야. 크기가 작아도 맛있는 단호박이 되도록 더욱 보살펴야 하고, 딱 그만큼 자랐다면 그것이 아름다운 결실일 테니까.

나는 과연 너희를 단호박처럼 바라봤을까? 모두 다른 너희 한 명 한 명을 이해하기나 했을까? 모두 큰 열매를 맺으라고 너무 닦달했던 건 아닐까? 텃밭에 가면 너희 얼굴과 눈빛이 떠오르는 통에 울컥했단다. 작물 하나도 이렇게 세심하게 키우건만 예전에 내가 너희를 어떻게 대했는지 되새기는 계기가 되었지. 너희에게 나는 어떤 사람이었을까? 별명처럼 무서운 호랑이 쌤이었을까? 그동안 서운했던 이야기를 종알종알 늘어놓을지도 모르겠지만 그래도 꼭 물어보고 싶어. 내 발소리를 기억하냐고.

세대를 잇는 어깨를 가지길

세상의 수많은 가치관은 대부분 당대를 살아가는 어른들에 의해 형성된 거겠지. 그동안 너희에게 쓴 편지를 보면 어른들의 잘못을 들춰내는 고백이 많았어. 어른인 나도 반성해야 했거든. 너희들뿐 아니라 다른 누구 앞에서도 그랬을 거야. 모두 어른들의 잘못이라고.

이렇게 말하면 서운할 어른들도 있을 거야. 그들 나름대로 고민하고 몸부림쳤을 테니까. 이건 분명한 사실이기도 해. 그런 어른들조차 없었다면 세상은 아마 지금보다 더 최악의 상황으로 우리 앞에 펼쳐졌겠지.

기성세대와 신세대의 정서 차이는 시간이 갈수록 점점 더 심해지는 것 같아. 어른들은 '요즘 어린 것들'이라고 무시하고, 젊은 세대는 '꼰대'라고 서로 비꼬면서 말이지. 이런 현상은 앞선 세대의 교사인 경우 더욱 비일비재해. 학생은 아무것도 모르는 존재, 일일이 이끌어줘야 하고 하나하나 가르치고 결정해 줘야 하는 존재로 취급해 왔거든.

교사가 지시하는 대로 한 치의 어긋남 없이 기계처럼 따라야 하는 대상으로 학생들을 바라보았던 거야. 잘 따라오면 '모범생' 타이틀을 얹어주었지. 너희도 당연하다고 받아들였을 거야. 나도 그랬으니까.

그렇지만 너희와 긴 시간을 함께하면서 이런 생각이 많이 바뀌었어.

너희는 뭔가 달랐어. 무슨 일이든 맡겨 놓으면 똘똘하게 완수해 냈지. 지금도 졸업여행이 기억나. 졸업여행 기간부터 장소, 예산과 일정까지 모든 준비를 너희에게 일임했지. 사실 좀 불안했지만, 지금까지 너희가 보여준 모습에서 신뢰감이 형성되었기에 믿고 맡길 수 있었어.

한마디로 너희가 기획한 졸업여행은 최고였어. 교사 혼자 계획하고 준비했다면 결코 상상할 수 없었던, 나라면 시도조차 하지 못했을 수많은 활동 목록을 보고 얼마나 대견하던지. 정말 놀라웠어. 인솔 교

사인 나에 대한 세심한 배려도 잊지 않았거든. 졸업 여행 일정을 구상하고 기획하는 일을 이렇게 똑 부러지게 하다니 역시 믿고 맡기길 잘했다는 생각이 들었어.

또 고등학생인 너희에게 초등학생 동아리 지도를 맡겼던 일이었어. 동아리 기획 단계부터 너희가 잘하는 것, 하고 싶은 것을 중심으로 대단히 열정적으로 주도하더라. 그 열정이 고스란히 담긴 계획서를 보며 다시 한번 놀랐던 거야. 너무나 즐거워하던 초등학생들의 얼굴을 기억해. 너희들은 늘 믿는 만큼 확신을 주었지. 물론 한 학기 내내 동아리를 지도하느라고 힘들었겠지만, 그때 기억을 따뜻하게 유유의미하게 간직하고 있을 거라 믿어.

사실 모든 권한을 너희에게 주기까지 갈등이 있었어. 세상은 기성세대와 신세대가 함께 살아가는 공간이니까 어느 한쪽이 주도권을 휘어잡을 수는 없는 거잖아. 어른의 자리는 어디일까? 어른은 어떤 존재일까?

요즘 드라마를 보면 어른의 위상이 정말 땅에 떨어졌구나 하는 생각이 들어. 무게 있고 중후한 모습은 찾아보기가 힘들어. 어른 하면 이젠 누구나 '꼰대'부터 떠올리거든. 고구마처럼 답답하고 꽉 막힌 어른의 모습과 사이다처럼 쿨하고 멋진 젊은 세대의 갈등 구조는 단순히 시청률을 올리기 위한 과장된 설정이라고 보기에도 공감되는 부분이 많기에 내 고민은 더욱 깊어질 수밖에 없더구나.

가끔 너희들의 부모님에 관해 물었던 거 기억하지. "부모님과 대화는 많이 하니?"라는 내 질문을 통해 너희들이 생각하는 어른의 자리를 유추하려고 한 거야. 부모와 자녀, 아무리 생각해도 모든 출발은 가정일 테니까.

부모는 한 사람이 태어나 처음 마주치는 어른이야. 아빠 엄마야말로 절대적인 존재인 셈이지. 자녀가 성장하면서 가장 많이 마주치는 어른이 바로 부모잖아. 이건 부모도 마찬가지야. 갓 태어나 제힘으로는 아무것도 하지 못하는 어린 생명을 마주할 때면 부모이자 '어른'으로서 무엇을 해야 할까 고민하기 마련일 테니까.

부모는 평생을 자녀 양육에 열중하며 서로의 관계를 쌓아가는 거야. 아이들은 부모를 비롯해 '교사'라는 대상을 통해 어른의 자리가 어디인지 확장해 나가고 때때로 새롭게 정립하는 거지. 많이 부족한 어른이지만 너희들도 어른에게 어떻게 대해야 하는지 생각해 보길 바란다. 어느 시대건 세대 차이는 존재했지만, 아무리 대화가 되지 않는다고 해도 이 세상에 함께 공존하려면 서로 대화하고 서로 영향을 주고받아야 하지 않을까.

어쨌든 너희가 더 멋진 어른들을 만났다면, 어른들이 너희에게 더 올바르고 멋진 모습을 보여주었다면 얼마나 좋았을까. 나의 자리는 또 어디쯤일까 생각하니 아쉽기도 하고 불안하기도 하다. 어른으로서 좋은 모습을 보여주지 못한 미안한 마음을 새삼 곱씹게 된다.

따지고 보면 교육 현장이야말로 삶의 현장이란다. 단순히 교사가 담당한 과목의 지식을 넘어, 한 인격체인 어른과 학생이 만나는 삶의 교차로란 뜻이야. 그런데 내가 부족한 탓인지 이 사실을 잊을 때가 많구나. 교육은 나의 상상보다 훨씬 더 큰 의미이자 존재였으니까.

언젠가 너희도 어른이 되는 날이 오겠지? 그때가 되면 꼰대 노릇하던 어른을 뛰어넘어 세대를 잇는 어른의 어깨를 가지렴. 지금 내가 너희에게 줄 수 있는 건 내 마음, 내 생각, 내 어깨가 고작일 거야.

훗날 어른으로 성장해 있을 너희의 모습은 훨씬 믿음직스러워. 내가 경험한 너희들의 미래를 상상하면 가슴이 벅차오른다. 내 어린 아들딸이 너희를 선배로서 우러러보는 상상을 하기만 해도 감개무량이야. 우리 그날이 올 때까지 서로 잘 돌보자. 힘내고!

· LETTER 7 ·

사랑도 습관이야

나는 참 재미없는 사람이야. 말투는 건조하기 짝이 없고 어쩌다 다정한 한마디를 건네려면 왜 그렇게 민망한지. 알다시피 별명이 '호랑이 선생님'이잖아. 그동안 어떤 모습으로 비췄을지 단번에 알 수 있는 별명이지. 그다지 다정한 성격도 아니기도 해. 딱히 다정해야 할 필요도 못 느끼고 살아와서 그렇기도 하고. 주변 사람들이 어떻게 생각하든 관심 밖이었거든.

며칠 전에 졸업생 부모님께 문자를 받았단다. '호랑이 선생님'이 생각났다면서 안부를 물어오셨지. 새삼 그렇게 무서운 호랑이였나? 혹시 다른 선생님들이 착했던 건 아닐까? 하는 생각이 들더라. 어쨌든 너희는 나를 좋아할 때도 있었고 무서워할 때도 있었을 거야.

하루는 1학년 신입생이 어디서 들었는지 묻더라.

"선생님은 혼낼 때 진짜 호랑이예요?"

솔직히 다정하고 따뜻한 성정은 타고 나는 것 같아. 하지만 명색이 교사이고 보니 그렇게 둘러댈 말이 아니더라. 내 주변에는 항상 너희가 있었으니까. 너희들과 주고받는 언어가 촉촉하지 못할지언정 너무 건조하다면 문제가 있지.

더구나 선생이 학생들 이름을 잘 기억하지 못한다는 건 심각한 일이었을 거야. 교사가 자기 반 아이들 이름을 모르는 게 말이 돼? 그래서 학기 초에 너희를 만날 때마다 양해를 구했어. 혹시 이름을 까먹더라도 기분 나빠하지 말고 몇 번이고 다시 알려 달라고 했지.

수업시간이면 너희 이름을 반복해서 부르려고 노력했어. 너희는 그런 나를 이해해 주고 배려해 주었지. 손들고 일부러 자기 이름을 크게 외칠 때면 얼마나 사랑스럽고 고마웠는지 몰라.

누군가를 사랑하는 일도 훈련이 필요하더구나. 난 사랑하는 데 익숙하지 않았거든. TV나 영화를 보면 사랑이 넘치는 교사가 아이들에게 애정 어린 시선을 보내면서 다정한 말을 하잖아. 학생들도 눈맞추고 함빡 미소를 머금은 채 선생님과 함께 교정을 거닐기도 하지. 행복하고 유쾌한 웃음소리가 교정을 채우며 동심원처럼 퍼져 나가더라.

교사로 일하면서 딱 한 번 그런 선생님을 봤어. 아이들을 대할 때면 다정함이 물씬 묻어나와 주체할 수 없을 정도이고 처음 보는 학생도 그렇게 사랑스러울 수가 없다더군. 대체 어떻게 그럴 수 있냐고 물었지. 그분은 '그냥 처음부터 그랬어요'라는 거야. 천성적으로 모든 아이가 예쁘다고. 마치 이데아를 마주하듯 순간 그 교사가 부럽더군.

난 어린아이를 좋아하는 편이 아니었으니 기도할 수밖에. 사람인 이상 더 예뻐 보이는 학생이 있고, 왠지 마음이 가지 않는 학생이 있기 마련이잖아. 그걸 어떻게 막을 수 있어? 그런 능력이 없으니 모든 학생을 사랑하게 해 달라고 했어.

사랑을 주는 일에는 그렇게 의지가 필요했어. 노력이 필요한 일이기에 일부러 사랑한다는 말도 대놓고 했는데 쉬운 일이 아니더라.

'아이들한테 사랑한다고 말하면 느끼하다고 할지 몰라.'

'웬일이냐고 싫어하지 않을까?'

'흐흐흐, 더 무섭다고 하는 건 아니겠지?'

사랑 많은 교사가 되기 위해서 내 안의 의심부터 없애야 했단다. 어떤 중압감마저 느꼈지만, 앞뒤 잴 겨를도 없이 선언하듯이 무조건 외쳤지. 사랑한다! 처음 그 말을 들었던 학생의 눈에 나는 얼마나 이상하게 보였을까? 입 밖으로 '사랑'이라는 말을 내뱉을 때마다 사실 오글오글 닭살이 돋는 것만 같았지.

그런데 신기한 일이 일어나기 시작했어. 너희는 내게 똑같이 그 말을 돌려주더라. 사랑해요, 선생님! 너희가 나를 사랑한다고 했을 때 정작 더 놀랐어. '얘들이 왜 이러나'라고 말이야. 그때부터였지. 정말 사랑스럽게 보이기 시작한 거야.

내겐 커다란 변화였어. 맞지 않는 옷을 억지로 입는 느낌이 사라진 거야. 숨 쉬듯 사소한 일상의 한 조각 한 조각이 사랑스럽고 소중하게 느껴졌지. 사랑한다고 말하니 정말 사랑하게 되더라. 뭐 여전히 '호랑이 선생'처럼 엄한 구석이 있고, 너희가 직접 말해 주지 않으면 눈치채지 못하는 둔한 선생님이긴 하잖아?

놀랍게도 사랑 또한 몸이 기억하는 습관이더라. 흔히 습관이라고 하면 나쁜 버릇처럼 반복된 행동을 떠올리기 쉽지만 좋은 게 더 많지.

사랑이 그랬어. 한번 두발자전거 타는 방법을 배워두면 평생 잊지 않듯이 너희를 사랑하는 마음이 그렇더구나.

너희가 아닌 다른 아이들을 새롭게 만나더라도 금방 사랑할 수 있을 것 같아. 원래는 내 능력 밖의 일이었는데 기도했기에 가능한 일이 되었지. 사랑의 습관을 갖게 해주었어. 몸에 각인되도록 너희를 사랑하는 일에 안간힘을 다하는 사이에 선생님으로 받아줘서 고마워. 내 노력을 인정받은 기분이 들어서 고마웠어.

너희가 볼 때도 참 어설픈 교사였을 테고 너희와 함께한 시간이 없었다면 여전히 누군가를 사랑하기 어려운 사람이었는지도 몰라. 너희가 없었다면 아직도 닭살 돋는 걸 참아가며 거울을 보며 '사랑한다!'라고 연습하고 있지 않을까?

습관의 힘이란 참 중요한 일인 것 같아. 너희에게 진정 필요한 습관은 뭘까? 자연스럽게 몸에 배어 흘러나오는 좋은 습관이 있다면 알려줘. 너희를 만나면 듣고 싶구나. 또 이렇게 너희를 궁금해 하네.

함께 쓸고 닦고 웃고 울었던 교실, 이리저리 뛰어놀던 운동장에 서면 자연스럽게 너희가 생각나. 화단 앞 벤치에서 가을볕 아래 앉아 책을 읽고 두런두런 대화를 나눴던 기억도 떠오르고 매년 학교 정문 앞의 머루가 익어갈 때면, 입 주변을 파랗게 물들여가면서 머루를 먹던 모습도 떠올라.

사랑하지 않았다면 전혀 궁금하지도 않았을 거야. 이런 사소한 궁금증마저 너희가 내게 준 기적이지. 사랑하게 해줘서 고마워.

· LETTER 8 ·

교사로 산다는 건 정말 멋진 일

사람들은 투자를 많이 할수록 더 좋은 결과물을 기대해. 교육 역시 돈을 쏟아부으면 더 확실한 성공을 이룬다고 믿지. 파일을 인쇄하듯, 게임 점수를 올리듯 눈으로 즉시 확인하려 들기도 해. 하지만 현실이 그렇지 않다는 건 모두 아는 사실이야.

우리도 평범한 사람이고 이 시대가 모든 걸 돈으로 해결하다 보니 물질 만능이 되어버렸어. 이렇게 쉽게 책임을 떠넘기려고 하지만 글쎄 정말 그럴까?

'교육'이란 단어에 언제부터인지 '시장'이라는 말이 붙어버렸어. 교육도 시장 논리에 따라 사고파는 물건이 된 거야. 사람들은 돈을 낸 만큼 결과를 얻으려고 하지. 다들 교육에 '투자'한다고 말하잖아.

돈 낸 만큼 얻으려는 현상을 넘어 투자의 개념이 들어가니까 원금에 충분한 이자까지 돌려받으려는 심리가 팽배해졌지. 이런 식이라면

나 같은 교사는 펀드매니저가 되어야 하나?

아이들을 중심으로 하는 교육에 의미를 부여하는 교사들은 현재 시류에 당연히 저항할 거야. 나 역시 그래. 앞선 편지글을 통해 내가 어떤 사람인지 짐작했을 테지만 교육에 자본이 들어오는 걸 나는 극도로 경계해. 교육이라는 게 입력한 만큼 출력되어야 하고 투자한 만큼 뽑아야 하는 과정이 아니잖아.

더 많이 가진 자가 더 좋은(?) 교육을 받고 더 많이 투자한 자가 더 나은(?) 결과를 얻는 교육은 상상하기도 싫어. 가진 자는 계속 가진 자로 누리고 없는 자는 계속 없는 자로 살아야 한다는 뜻이라면 잘못돼도 한참 잘못된 거지.

교육이 이런 이상한 세계를 재생산하는 도구로 전락하다니! 물론 나는 가진 자들이 가진 게 대단히 좋고 월등히 나은 것인지 항상 의문이기는 해. 하지만 각설하고 이런 말이 있잖아. 교육은 백년지대계라는 말. 그만큼 넓은 안목과 일정한 시간이 필요하다는 뜻이겠지.

나는 시간의 효율성을 믿어. 대체 무슨 말이냐고? 시장 논리에 진저리가 난다면서 교육이 백년지대계라면서 갑자기 웬 효율성이냐고 묻겠지. 사실 내가 생각할 때 교육은 다른 어떤 것보다 가장 효율적이야. 효율적이기 때문에 너희와의 시간이 보람과 기쁨으로 치환되는 거고. 물론 그만큼 압도적인 무게감도 만만치는 않지만 말이야.

잘 들어보렴. 교육이 효율적인 이유는 교육이 사회를 바꿀 수 있기 때문이야. 너희들 혹시 너무 이상적이지 않냐고 코웃음 치고 있니? 그래, 그럴 수도 있지. 나는 과학교사로서 너희가 배우는 과학 지식이 어떻게든 세상에 도움이 되길 바랐어. 그래서 학문적으로 그렇게 닦달했던 거야.

'이번 학기에 배운 과학 교과를 가지고 어떻게 도울 것인가 보고서를 써 보자!'라는 제안이 너희는 어렵고 힘들었을 거야. 미얀마 사태가 발생했을 때 다른 사회 선생님들께 이 주제로 공부해 보자고 부탁했어. 너희에게 미얀마에서 무슨 일이 있었는지, 이 사태가 너희와 무슨 상관이 있는지 토론하게 하고 학생회 이름으로 성명서를 내게 했었지!

너희는 어려워했지만, 최종 완성된 성명서를 보니 너무너무 좋더라. 어려움을 겪는 이웃을 향한 너희 생각이 얼마나 건강한지, 어떤 힘을 지녔는지 눈으로 확인할 수 있었거든. 이 성명서를 그대로 묵히고 싶지 않았어. 주변 지인을 통해 미얀마 유학생을 찾아냈지. 그분에게 미얀마어로 번역을 부탁했고 이렇게 탄생한 번역본을 미얀마 사람들에게 보냈지.

그런데 너희는 거기서 멈추지 않고 미얀마 시민을 위한 모금을 하더라. 누가 시킨 것도 아닌데 말이야. 배움을 실천하는 순간, 너희들이 얼마나 아름답고 따뜻했는지 그때를 떠올리면 지금도 울컥하면서 뜨거운 것이 치솟곤 해.

환경 관련 탄소 중립을 공부할 때도 그랬어. 몇몇 선생님들이 신재생 에너지 관련한 수업을 하자고 하셨을 때 정말 기뻤어. 너희는 신재생 에너지에 대해 스스로 정보를 찾고 공부하고 발표했지! 어떻게 하면 그동안 쏟아낸 탄소를 줄일 수 있는지 스스로 찾아서 공부하는 건 쉬운 일이 아니었지만, 그 시간만큼 너희는 확실히 성장했어.

자연보호는 우리가 마땅히 배우고 실천해야 할 정의야. 우리에게 맡겨진 것에 대해 책임을 지는 것. 그것이 정의의 한 부분 아니겠어?

교육의 이름으로 다른 사람을 위한 지식의 책임, 힘든 사람들을 위한 공감과 위로의 책임, 불의를 향한 분노의 책임, 환경을 향한 뉘우침의 책임 말이야. 사실 너희가 보여준 반응들, 이를테면 보고서나 결과물 등이 너희 스스로 미약하고 유치하다고 여겼을지도 몰라.

과연 이런 행동이 어려움을 겪는 그들에게 실제로 도움이 되나 싶었을 거야. 이런다고 환경이 하루아침에 바뀌나 싶었겠지. 차라리 문제집 한 권이라도 더 푸는 게 낫지 않을까 하면서 말이야. 나는 이런 시간을 통해서 우리의 교육이 더욱 효율적으로 변할 거라고 기대해 본다. 무엇보다 너희와의 시간이 단단해지는 이유라고 믿어.

이렇게 차근차근 배운 너희가 어른이 된 후에도 나 몰라라 하면서 기성 사회의 잘못된 가치를 따라갈까? 긴 학창 시절 내내 어떻게 하면 작게나마 이 땅에 배려와 정의가 뿌리내릴 순 없을까 고민한 흔적, 그 고민의 궤적이 바로 너희 삶이 될 거야. 하나씩 몸에 밴 습관이 너희를 움직일 테니까.

그래서 나는 세상에서 가장 효율적인 일을 하고 있는 사람이라고 생각해. 교육이 사회를 변화시킨다는 말, 이제는 너희도 받아들일 수 있을까? 너희로 인해 그렇게 될 거야. 나의 존재도 바로 거기에 있는 거야. 교사로 산다는 건 참 멋진 일이야. 그 증거는 앞으로 너희가 이끌어가는 세상이 될 거야. 두 손 모아 기대할게.

교사의 향기는
삶을 통해 전해진다

교사가 되기 위한 공부 내용은 비슷하다. 교육학의 여러 갈래와 교과도 그렇다. 누구나 교육학 개론을 공부하는 데 여기에 '교사의 역할은 무엇인가'라는 내용이 공통으로 포함된다. 교사를 학습안내자나 인성지도자, 모델이나 관리자 등으로 표현하곤 한다.

교사가 집중하는 부분은 교과 지식이나 교육과정 이해, 교육법, 교육행정 등이 주를 이룬다. 전문지식을 토대로 하는 것은 당연하다. 수업자료, 교수방법, 평가방법 등 교육과정 개념에 대해 깊은 이해가 있어야 한다. 특히 교육 개정이 잦은 우리나라의 경우 시대별 교육 방향 또한 세심한 분석을 필요로 한다.

그러나 이 모든 과정을 압도하는 한 가지가 '입시'다. 과거에도 그랬고 지금도 크게 벗어나기 어렵고, 입시 결과에 따라 교사의 능력이 평가되는 것도 사실이다. 교사를 평가하는 가장 큰 잣대가 학습 결과여야 하는가 하는 문제에 나는 회의적이다. '교사'를 정의하는 데는 갖가지 기준이 있지 않은가? 교육학에 등장하는 교사의 역할보다 '교사인 나는 누구인가?'라는 질문이 먼저여야 한다. '교사가 교사지, 뭐 대수야'라는 생각이 있다면 지금부터 내 이야기에 귀를 기울여 달라.

대한민국은 참 재미있다. 세계적으로 유행한다는 교육이론과 방법이 가장 빠르게 들어온다. 그렇게 유행을 주도하던 교육 주제는 그만큼 빨리 사라진다. 바람과 함께 사라지듯 흔적을 감춘다. 교육의 중심에 있던 교사도 마찬가지이다. 이런 '유행'과 '바람'이 휘젓고 가는 데는 여러 이유가 있지만, 원인 중의 하나는 교육의 '방법'에만 몰두하기 때문 아닐까. 한때 우리가 관심을 가졌던 교육방법이 어떤 철학을 중심으로 이뤄졌으며 그 철학이 인간을 어떻게 보는가에 무게를 두지 않는다. 입시에 도움이 되지 않는 이유도 큰 몫을 차지한다.

교육 현장을 들여다보더라도 다를 게 없다. 교사는 자신보다 외부에 더욱 관심을 둔다. 교사, 그 자체가 아닌 교사 밖의 교과, 교사 밖의 방법, 교사 밖의 사물이 주된 관심 대상이 된다. 교사는 이러한 밖의 영역을 학생과 연결해 주고 자신은 감추는 역할에 머문다. 그것을 교육이라고 하며 공적이라 말한다.

이처럼 외부의 것을 중시하는 서양의 과학적 태도와 그 결을 같이 하고 있다. 소위 객관주의적 인식론 안에서 객관적인 대상은 그것을 연구하는 사람과 아무런 관계가 없다. 무슨 생각을 하든, 어떤 신념을 가지든 상관없이 바라보는 대상은 대상 그 자체다. 그래서 교육이라는 건, 대상을 대상 자체로 바라보게 한다. 배워야 하는 대상이 객관적이기 때문이며 그 관점이 진리라고 믿는다.

하지만 이러한 교육의 관점은 본질에서 벗어나 있다. 교사는 아무것도 없는 텅 빈 통로가 아니다. 인격을 가진 사람이기에 사람 안에 담긴 무엇을 비추게 되어 있다. 앞에서 언급한 과학자라고 해도 마찬가지일 것이다. 누구나 자기 생각이 있고 신념이 있으며 그 신념을 형성한 삶이 있다. 그래서 교사의 삶 역시 고유한 인격의 표현이다.

교실에서 만나는 학생을 생각해 보자. 교사와 학생이 만나는 사회적 공간이 교실이다. 그 속에서 교사 인간성을 배제할 수 있는가? 그렇다면 유튜브 채널의 유명 강사의 강의를 듣는 것과 무엇이 다른가? 아니, 정밀하게 제작된 AI에게 정보를 전달하게 하는 것이 낫겠다. 우리가 객관성을 추구한다는 생각만으로 학생 앞에 선다면 교육하는 게 아니라 입력하게 할 뿐이다.

대한민국처럼 국가 교육과정의 절대적 관리를 받는 나라에서는 교사가 학생 앞에 객관적인 존재로 존재하는 것을 공적이라고 본다. 이러한 인식이 옳은 것으로 받아들인다. 물론 개인의 정치적 신념을 학생에게 강요하는 사례는 잘못이겠지만, 교사 자신을 객관화한다는 것이 현실적으로 과연 가능하긴 한가. 그것이 진정한 교육인가?

파커 파머(Parker J. Palmer)는 우리에게 깊은 고민을 던져 준다. 그는 『가르칠 수 있는 용기(The Courage to Teach)』라는 저서를 통해 교사는 '공과 사가 만나는 교차 지역'에 있어야 한다고 했다. 파머는 '있어야 한다'라고 썼지만 나는 '있을 수밖에 없다'라고 읽는다. 우리는 자신의 인격을 배제하고 누군가를 상대할 수 없는 존재이다. 이는 저마다 인간성과 삶을 부정하는 일이다. 사람인 교사와 학생이 만난다는 간단한 사실에 교육의 본질이 있다.

누가 들으면 웃을 이야기인지도 모르겠다. 배움이 일어나는 교육 현장을 움직이고 만들어 가는 존재가 바로 사람 아닌가. 그러니 사람이 중요한 것은 너무나 당연한 일인데 정말 그러한가? 나의 첫 번째 질문은 여기에서 시작되었다.

교육은 사람이 사람을 위해 이뤄지는 것인데 우리는 정말 사람을 소중하게 여기는가? 현실은 그렇지 않았다. 내가 받아왔던 교육도, 학생을 만나는 구조도, 교사인 나 자신도 교육이 한 사람을 소중하게 여긴다고 생각하기 어려웠다. 국가 중심의 교육과정과 입시라는 구조는 교사를 부품으로 여긴지 오래인 듯했다.

이러한 구조가 공고해진 탓일까? 부품은 전체를 알지 못한다. 내가 무엇을 하는지, 바라는 교육이 무엇인지, 진정으로 해야 할 일을 하고 있는지 나는 의심했다. 때때로 그 의심은 자괴감으로 표출되었다. 주위를 둘러보니 나 같은 교사들이 많았다. 학생을 위해 매진해야 할 힘도 모자라는 데다 수업 준비할 시간도 없을 만큼 잡다한 업무가 교사를 짓누른다. 화가 난다.

교사의 영역 밖에 있는 '학생', '과학', '행사', '문서'로 향하는 시선을 자신에게 돌릴 필요가 있었다. 나를 돌아보는 시간이 쌓일수록 나와 닮은 고민을 하는 교사가 보이기 시작했다. '교육'이라는 전체를 위해서는 '나' 그리고 '우리'를 알아야 한다는 생각이 내 안에서 조금씩 덩치를 불리고 있다. 교사라는 구심력이 견고해진다면 교육이라는 원심력 또한 강해질 것이다.

나를 돌아본다는 것은 무슨 의미일까. 나를 돌보는 것과는 달랐다. 돌본다는 말이 지닌 온기, 내 안의 어린 나를 감싸듯 크고 따스한 품이 필요한 순간이 있을 때도 있으나 그게 다가 아니었다. 나의 신경을 자극하는 거친 환경 속에서 '나'는 흐려졌고 '교사'만 남아버린 기분이 들었다.

덩그러니 남은 교사의 껍데기는 위태로웠다. 찰나의 순간마저 '교사 김병재'로 살아가고 싶은데, 현재의 구조와 환경에서 나의 욕망을 샅샅이 들여다보는 일은 시간이 절대적으로 부족했다. 교사라면 누구나 공감할 것이다. 그럼에도 현실적으로 필요하다는 이유로, 절실하다는 이유로 무엇이건 해야 했다. 대학원 진학이건, 공동연구스터디이건, 세미나이건, 혹은 퇴직이건 말이다.

교사 정체성 때문에 교사가 퇴직을 선택하는 일이 벌어졌다. 나를 찾는 일이 이리 어려운 줄 알았다면 교직을 선택했을까? 웃기지만 그래도 했을 것이다. 비록 방황하고 헤매더라도 행복했으니까.

개인사지만 잠시 내 이야기를 하는 게 좋겠다. 나는 세 자녀의 아빠다. 첫째는 내 배(실은 아내의 배이지만) 아파서 나은 아이고, 둘째와 셋째는 입양을 통해 나의 아이가 되었다. 두 아이가 법적으로 나의 자녀가 된 그 날의 기억은 지금도 감격스럽다. 우리 가정 역시 여느 집처럼 복닥거리며 살아가지만, 가끔 입양으로 인한 마음의 빈자리가 느껴지는 순간이 있다. 가족이란 토닥거리며 싸우다가도 금세 아무렇지도 않게 일상을 회복하는 법이지만 조심스러운 것이 사실이다.

일곱 살이 된 둘째는 이제 '입양'이라는 단어를 덤덤하게 받아들인다. 자신이 엄마의 배를 통해 태어난 것이 아니라는 사실을 알고 있다. 아내와 나는 세 아이가 어릴 때부터 '입양'이라는 단어를 어색하게 느끼지 않게 하려고 노력해 왔다. 입양 TV 프로그램을 보거나 입양에 대한 동화를 함께 읽으며 끈끈한 대화 시간을 갖는다.

하지만 아무리 '입양'이라는 단어를 오픈하고 공유한다고 한들, 아내와 내가 이해하는 '입양'과 둘째와 셋째가 받아들이는 '입양'은 다를 수밖에 없다.

우리는 감사하게도 '입양'을 통해 사랑스러운 가족이 되었다. 하지만 똑같은 단어라도 각기 다른 삶의 궤적을 지나온 인격체에게는 같은 색깔과 향기로 다가오지 않는다. 서로 다른 색깔과 향기는 다양한 인격으로 발현되고 존재하게 된다. 아마 두 아이가 성인이 되었을 때는 '입양'이라는 단어를 다른 사람들보다 더욱 존재론적인 의미로 받아들이지 않을까.

가족이라는 밀접한 관계로 맺어진 우리가 '입양'이라는 동일한 장(field)에 있으면서도 서로 다른 이해와 사유의 결을 갖는 건 당연한 일이다. 각자 어떤 사물과 대상을 인지하는 데 인격이 절대적인 역할을 하기 때문이다. 서로 다른 인격과 삶은 우리가 눈앞에 놓인 컵의 실체를 의심하지 않는 것처럼 실재한다. 그 존재로 인해 우리가 하는 말과 행동이 그것을 증명한다. 부모와 자식 사이도 마찬가지이다.

그렇다면 교사와 학생은 어떨까? 우리가 아무리 '공적'으로 존재하려 해도 학생은 그렇게 받아들이지 않는다. 만약 공적으로 보이려 한 시도가 성공했다면 학생은 교사에게 인간적인 관심과 사랑을 받지 못했을 것이고, '공적' 시도가 실패했다면 학생은 교사를 바라보며 어떤 괴리를 느꼈을 것이다.

따라서 객관적인 교육의 어떤 시도도 실패할 수밖에 없다. 학생들은 교사와 마주할 때 본능적이고 직감적으로 안다. 저 교사가 나를 사랑하는지, 나에게 관심이 있는지, 무엇을 사랑하는지, 무엇을 추구하는지 말이다.

교사가 '자신이 누구인가'를 고민해야 하는 중요성이 여기에 있다. 우선 교사 개인적인 측면에서 중요하다. 우리 자신의 정체를 깊이 고민하고 들여다볼수록 인간성을 다듬고 사랑하게 될 것이다. 교사가 '나는 누구인가'라고 질문하고 그 질문에 깊이 파묻힐 때 훌륭한 교사의 길로 한 발 나아갈 것이다. 삶의 기반과 신념에서 뻗어 나온 향기와 고유의 모습을 간직하는 교사만이 자신만의 교육을 할 수 있기 때문이다.

안타깝게도 자신이 누구인지 미처 알지 못하는 교사도 있다. 그런 부류의 교사가 일반적으로 보이는 모습을 열거하자면 끝도 없다. 이들은 다른 교사에게 열등감을 느끼고 막연히 따라 하거나, 동료 교사와 경쟁하듯 학생들의 사랑을 갈구한다. 이 또한 교육에 대한 열정이 있기에 그럴 것이다. 나는 그 열정을 존중한다. 다만 그 열정이 '나는 누구인가'라는 질문에서 먼저 시작되길 바랄 뿐이다.

이 질문을 통해 교사는 자신이 가진 열등감과 경쟁의식이 얼마나 보잘것없는지 알게 된다. 자신을 먼저 돌아보고 그 속에서 건강한 정체성을 가질 때 건강하게 학생을 만날 수 있다. 더 나아가 '자신이 누구인가'를 질문한다는 것은 교육 공동체적으로도 중요하다. 자신이 누구인가를 고민하는 교사의 향기는 고민이 묻어난 삶을 통해서 학생들에게 전달된다.

학생들은 객관적이며 공적인 강의를 통해 배우는 게 아니라 인간으로서 한 사람의 삶이 짙게 밴 수업을 통해 인생 선배를 만나게 된다. 그런 교사들이 모인 공동체는 어떨까? 다채로운 삶의 모습을 가진 교사들이 자신의 빛깔과 향기로 학생을 만나는 교육공동체의 교사들은 다양한 삶의 궤적을 학생들에게 경험하게 할 수 있다. 교육을 통해 교사가 학생에게 전해주는 것은 정보를 넘어 지식이자 한 사람의 세계관이며 인생관이다.

교사가 공동체 속에서 자신의 존재에 대해 질문하는 게 중요한 이유가 더 있다. 그것은 '자신이 할 수 없는 게 있다'라는 걸 깨닫게 하기 때문이다. 자신이 불가능한 일은 가능한 사람을 찾아내야 한다. 교사들의 다채로운 삶과 다양한 능력이 서로서로 돕도록 최적화되어 있다는 걸 기억해야 한다.

내가 할 수 없는 일은 동료 교사가 할 수 있다. 동료 교사가 할 수 없을 때, 그 옆에 내가 있다. 자신이 무엇이며 누구인지를 고민하는 시점이 교사공동체의 소통이 시작되는 자리다. 비로소 전체주의적 경직이 아닌, 다양한 삶으로 무장되어 서로 소통하고 돕는 유기적 교육 공동체가 시작된다.

교사들은 흩어지지 않고 모여야 한다. 함께 나누지 않고 혼자 떠 맡을 수 있는 교육은 없다. 동료 장학, 수업 나눔, 교과 연구 등을 통해 수업 운영에 대한 나눔도 필요하지만, 더욱 힘써야 할 것은 함께하는 교사가 누구인지 알아야 한다. 이 시간은 교사에게 즐거운 시간, 서로의 인격을 인정하고 받아들이는 진정한 만남의 자리여야 한다.

나는 교사이자 연구원으로 교사들이 서로 나누고 알아가는 자리를 마련했다. 긴 시간 동안, 한 분의 선생님이 어떤 삶의 궤적을 따라 교사가 되었는지, 교사로 있으면서 행복하고 슬픈 일은 무엇인지, 지금은 무슨 생각과 고민을 하고 있는지를 동료로서 공감하는 일은 서로에게 큰 힘이 되었다.

다시 강조하지만, 교사들이 무엇을 교육하고 어떻게 교육할 것인가를 고민하는 것도 당연히 필요하다고 본다. 하지만 자신의 존재에 대해 고민이 배제된다면 교사는 물론이고 학생들에게 해가 되고 무엇보다 교육의 본질에 위배될 것이다.

교사는 자신의 인간성을 알아내려 애써야 한다. 인간성에 자신감을 가져야 한다. 그것이 교사 개인의 건강이며 교육의 건강이다. 나는 우리 교사들이 함께 건강해지길 간절히 바란다. 교사인 당신, 꼭 힘내시길!

PART 2

학생으로 걷기

C   선생님, 대학 안 가면 안 될까요?

나   안 가도 된다니까.

C   그럼 졸업하고 뭐하죠? 다른 아이들이 대학 가면.

나   네가 원하는 걸 하면 되지. 기술을 배워도 좋고, 취

업해도 좋고, 다시 공부가 하고 싶으면 대학 가면 되고. 원하

는 게 뭔지 모르면 쉬어도 좋다고 생각해. 놀면서 어떻게 살

지를 고민하면 되지. 내 삶이 아니라고 쉽게 말하는 건 아니

야. 진심진심.

- 10학년 C 학생과의 대화 중에서

한 길 학생 속
들여다보기

학생을 대할 때마다 흠칫 놀랄 때가 한두 번이 아니다. 교사가 되고 얼마 지나지 않아 초등학생들을 가르쳤다. 그 후 다시 중학생과 고등학생까지 만나게 되었다. 미인가 대안학교는 이렇듯 초보 교사인 내게 폭넓은 경험의 기회를 주었다.

초등 5학년 국어 시간이었다. 글쓰기 수업을 하고 있었는데 젊은 교사 특유의 열정 때문이었는지, 학생들을 닦달한 기억이 난다. 이런저런 회유와 협박(?)으로 낙오자를 허용하지 않고 글쓰기를 마무리할 수 있었다.

교실은 어떤 법칙처럼 매번 한두 명 정도 포기하는 학생이 나온다.

그날은 여학생 한 명이 끝내 채우지 못한 원고지를 덩그러니 앞에 놓고 바라보고 있었다. 나의 빈약한 아이디어도 바닥을 드러낸 상태였기에 교사인 나도 아이도 어찌해야 좋을지 난감한 시간이 흘러갔다.

그리고 며칠 후 나는 학교 앞 벤치에서 기타를 치고 있었다. 영화처럼 무슨 낭만을 기대한 것은 아니었고 단지 교무실 안에서 소음을 내지 않으려 했을 뿐인데, 텅 빈 원고지의 그 여학생이 지나가다가 털썩 내 옆에 앉았다. 호기심 어린 눈빛은 천진무구한 여느 초등학생과 다르지 않았다.

"선생님, 뭐 연주하세요?"

"아, 사실은 어떤 곡을 연주하고 있었던 건 아니었어. 코드를 이것저것 치다 보면 예쁜 멜로디가 생각날 때가 있거든. 다시 들어 봐."

나는 아이 앞에서 기타 줄을 튕겨가며 제멋대로의 허밍을 들려주었다. 연주가 끝난 후에 장난스레 물었다.

"어때? 좋지? 마음속에 뭐가 떠오르지 않니?"

"엄마가 생각나요. 엄마가 따뜻하게 손을 잡아주는 느낌? 흐흐흐."

아이가 들려준 말은 의외였다. 순간적으로 이게 뭐지 싶은 생각이 들더니 밑도 끝도 없는 아이의 이야기에 귀를 기울였다. 왜 갑자기 엄마 생각이 났는지, 어떤 엄마 모습이 떠올랐는지, 멜로디의 어떤 부분에서 그런 생각이 난 건지 끝없는 질문 세례를 했다.

이것은 나의 직업병이었다. 놀라운 건 아이가 조곤조곤 이야기를 들려주기 시작했다는 사실이다. 아이가 술술 쏟아내는 이야기를 그대로 쓰면 멋진 글이 되겠다는 생각마저 들었다. 마음 한구석으로 미안한 마음이 들었던 건 아이의 따뜻한 감성을 지금껏 한 번도 알아채지 못했다는 점이었다.

나는 아이에게 연주곡의 가사를 써 보면 어떠냐고 물었다. 즉흥적으로 떠오른 말이었는데도 아이는 잠깐 고민하는 표정을 짓더니 수줍게 고개를 끄덕였다. 두 사람 모두 용기가 필요한 일이었다.

다음 날 아이는 내게 종이 한 장을 내밀었다. 원고지 한 줄 메꾸는 것도 힘들어하던 아이가 운율까지 맞춰서 시를 쓰듯 꾹꾹 눌러 쓴 가사를 보여주었다. 한껏 미소를 지어 보인 나는 한 글자도 고치지 않고 아이의 노랫말을 고스란히 기타 선율에 담았다. 가슴이 뭉클했다. 수줍게, 하지만 기분 좋게 웃고 있는 아이가 그날따라 그리 예뻐 보일 수가 없었다.

나는 기어코 일을 크게 벌였다. 아이와 내가 만든 노래를 우리 반 전체의 합창곡으로 발표했다. 작사자에 아이 이름을 자랑스레 올려놓았다. 소소하지만 위대한 사건(?)이었다. 교사로서 아이들 안에 꿈틀거리는 잠재성을 재빨리 알아채지 못한 나 자신을 깨닫게 한 놀라운 사건이었다. 학생을 어떻게 바라보고 지도해야 하는지에 대해 과제를 던져준 사건이었다. 그 후로 학생들과 함께하는 시간은 이처럼 위대한 사건들로 채워지기 시작했다.

이렇게 탄생한 위대한 사건의 수만큼이나 나의 획일적인 시선은 수많은 스펙트럼으로 나뉘게 되었다. 아마도 학생을 만나는 한, 각기 너무 다른 재주를 가진 학생들에게 교사로서 무엇을 해줄 수 있을까 하는 두려움이 들었다. 지독하리만치 똑같은 교육을 받고 자란 내가 아이들을 위해 무엇을 할 수 있다는 사실에 기뻐하면서도 내심 힘에 버거운 건 어쩔 수 없었다.

그래도 학생들이 보여주는 다채로운 빛깔의 향연은 버겁기만 한 과제에서 나를 벗어나게 해줄 만큼 아름답고 따뜻하다는 것이다. 두려움 속에서도 한아름 설렘이 꽃핀다. 보편의 사람에게서 찾을 수 있는 각자 다른 모습은 이렇듯 두려움과 설렘으로 다가온다. 내게 편지를 쓰게 한다.

어쨌든 너의 대한 첫 기억이야

'손목에… 저건 뭐지?'

한껏 불만이 담긴 표정에 30도 기울어진 고개와 그만큼 더 아래로 기울어진 시선. 어머니 옆에 서 있던 네 얼굴보다 내 시선을 먼저 비끄러맨 건 손목에 새겨진 문신이었어. 우려가 현실이 되는 순간이었지. 까맣고 자그마한 글씨가 새겨진 문신을 본 거야. 하지만 괜찮아. 난 호랑이니까.

입학 상담을 오신 어머니의 처음부터 끝까지 오직 네 걱정으로 가득한 불안한 목소리를 애써 진정시키느라 진땀을 뺐지. 너는 내 눈을 잘 보지도 않더라. 까만 패딩점퍼 주머니에 두 손을 깊이 찌르고 여전히 기울어진 고개와 어두운 눈빛으로 잠자코 있던 네게서 비릿하지만 또렷하게 코를 찌르는 담배 냄새가 났었어. 향수나 로션으로 감추려 했겠지만 티가 나더라.

어쨌든 담배 냄새와 문신이 너에 대한 첫 기억이야. 너를 힘겨워하는 어머니를 안심시키며 어렵게 입학이 결정됐지. 나는 흔쾌히 너를 맡겠다고 했지만, 어떤 계획이 있었던 건 아니야. 교사로서 자존심이랄까? 너를 처음 만났을 때는 그게 다였어.

어른들의 우려가 지나쳤던 걸까. 너는 아이들과 참 잘 지내더구나. 같은 반 아이들보다 한 살 많았지만, 누구도 그 사실을 신경쓰지 않았지. 네가 담배를 피운 것도 그랬어. 사실 입학 조건 중 하나는 담배를 끊는 거였지만 네가 쉽사리 그 조건을 충족시켜주리라 기대하진 않았어. 너를 믿지 못해서가 아니야. 담배를 끊는다는 게 그리 쉬운 게 아니니까.

사실 나도 담배를 피워 본 경험이 있어서 네게 특별히 부탁했지. 아침 등굣길에는 담배를 피우지 말 것, 학교에 있는 동안이라도 담배를 멀리하라고 당부했어. 내 말을 들어주더라. 고마웠어. 이렇게 지내준다면 우리 서로 조용히 지낼 수 있겠구나 싶었지.

네가 싫지 않았어. 아니, 더 관심이 갔다고 해야 할까? 그동안 네가 어떤 평가를 받았을지 눈에 선했거든. 네게 향하던 수많은 질책과 원망은 이미 충분하다고 생각했어. 물론 혼내기도 했지만, 누구보다 솔직한 나의 심정과 행동을 보여주려고 애썼단다.

그래서 그랬을까. 너도 솔직한 모습을 보여주더라. 그동안 네 안에 갇힌 생각들, 네 입장에서 받았던 부당한 대우, 너를 가르쳤던 교사들이 쏟아낸 말과 차가운 시선을 들려줄 때면 나도 함께 화내고 공감하고 동조했지. 돌이켜보면 그러지 말았어야 했다는 후회가 들기도 해. 하지만 그날 이후 너는 나를 믿는 것 같더라. 나도 너를 믿게 되고 사랑하게 되었지.

무엇보다 음주 가무는 학교생활에 지장이 없는 선에서 자제해 달라는 약속을 지켜줬어. 그러던 어느 날이었어. 내 믿음이 과했던 걸까? 자정 12시가 넘은 시각, 잠결에 휴대전화에 뜬 네 이름을 보고 전화를 받았지. 한껏 취해서 혀가 배배 꼬이는 말투였어.

"선… 선샹니~임…저, 술…먹었…어요."

"그래. 술 많이 먹었구나. 어디니?"

"술 먹으면…전화하라고… 저 집에…들어가는…길, 우웩!"

우연인지 인연인지 우리는 가까운 거리에 살았지. 집 앞 버스 정류장에 네가 있다는 사실을 확인하고는 바로 달려 나갔다. 너를 책망하듯 두텁고 까만 패딩점퍼를 펑펑 소리가 나도록 두드리면서도 입으로는 '괜찮다'라고 말할 수밖에 없었어. 술취해 실컷 게워 내는 너를 보며 무슨 생각을 했을까? 오래전 일이라 기억이 잘 나진 않지만, 그냥 마음이 먹먹했던 것 같아.

너를 집에 데려다주고 돌아오는 길에 이런 생각이 들더라. 술 마신 사실을 솔직히 말해 주고 내가 전화하라고 했다고 정말 술 취해서 전화한 네게 고마운 마음이 생겼지. 사실 학생 신분으로 넘지 말아야 할 선을 아슬아슬 넘나드는 너를 향한 원망과 고마움이 뒤섞이는 착잡한 순간이었어. 찬 밤공기를 내쉬며 기도했어. 너를 만나게 한 뜻이 무엇인지 묻지 않을 수 없었거든.

다음 날 아침, 네가 등교하지 않은 건 당연한 일이었지. 불안에 떨며 사죄의 말을 전하는 어머니에게 자초지종도 묻지 않은 채 모르는 척 전화를 드리니 아직 자고 있다고 하시더라. 그러면서 또 죄송하다고 하셨지.

이미 직장으로 출근한 어머니께서는 오늘은 학교에 보내지 않겠다고 하셨어. 그때 이상한 오기가 발동했어. 다른 건 몰라도 결석은 막겠다는 고지식한 교사의 오기가 발동해서 너를 데리러 가겠다고 말씀드렸지. 어머니는 네가 자느라고 누가 찾아와도 모를 거라면서도 집 비밀번호를 가르쳐주셨단다.

현관 비밀번호를 누르고 안으로 들어가 네 방문을 여는 순간, 술 냄새가 코를 찌르더구나. 기절한 듯이 엎어져 잠든 네게서 코 고는 소리가 나지 않았다면 죽은 줄 알았을 거야. 어떻게 그런 이상한 자세로 잠잘 수 있지? 아무리 교사지만 여학생인 네게 최소한의 예의를 다해 살짝 삐져나온 뱃살을 이불로 덮어주고는 등짝에 스매싱을 날렸지. 반쯤 뜬 눈으로 나를 바라보던 너는 작은 소리로 "선생님~"이라고 하더니 피식 웃더라. 절대 웃으면 안 되는 상황인데 웃음이 나와 버렸지. 너도 웃고 나도 웃었던 거야. 심각한 상황이 말도 안 되는 코미디로 변해 버렸어.

네가 졸업하고 나서, 문득 네 생각이 나더라. 어른이 된 너는 어떤 모습일지 궁금했어. 나도 모르게 무턱대고 옛 전화번호로 전화를 걸었지. 네 핸드폰에 내 번호가 저장되어 있지 않았는지 낯선 목소리로 전화를 받더구나.

"나, 호랑이 선생님이다."

그제야 네 음성이 두 옥타브 정도 올라갔지. 상당히 놀라는 눈치였어. 속사포로 이어지는 너의 결혼 소식과 출산 소식에 내 목소리는 그보다 훨씬 더 높아지더라. 그때 즉석에서 집에 초대했고, 나 또한 아무런 망설임 없이 너를 찾아갔었지.

현관문이 열리고 앞치마를 입은 네 모습을 보니 뭉클했단다. 나를 반갑게 맞이하고 정성껏 차린 음식을 대접할 때도 무엇인가 가슴속에서 울컥하는 느낌이 끊이질 않았지. 사실 음식 맛은 기억나지 않아. 그저 내 눈에 보이는 모든 것이 아름다웠을 뿐이야. 가지런히 놓인 아기 옷들과 장난감, 정갈하게 꾸민 여느 가정과 다름없는 살림살이들이 네가 어른임을 알려줬지. 아기에 대한 사랑과 책임으로 따스하게 채워진 공간이었어.

컵에 물을 따라 건네는 네 손목에 예전의 그 문신이 있더라. 그날처럼 문신이 예뻐 보이는 날은 다시 오진 않을 거야. 처음 널 봤던 날의 손목과 어른이 된 네 손목이 다를 리 없는 데 말이야. 너와 함께했던 시간의 흔적을 이렇게 따스한 온기로 기억하게 해줘서 참 고맙다. 너의 평범한 보통의 성장이 이토록 감사의 제목이 될 줄은 몰랐어. 평범한, 그래서 더욱 멋진 어른이 되어줘서 고맙다. 이제 너를 만난 이유를 조금이나마 알 것 같네.

어른들은 학생들에게 비범함을 요구하지. 교육도 마찬가지였어. 언제나 조금 더 나은 사람이 되라고 지금보다 더욱 성장하고 발전해서 남들과 구분되는 특별한 사람이 되라고 말이지. '범상'한 단계에 머물지 말고 아예 '비범'한 기준을 들이대면서 지금 너희가 있는 자리에 안주하지 말라고 재촉하지.

사람마다 재능이 각기 다르기에 그들이 성장하도록 돕는 일은 귀한 일이야. 모든 사람은 제각기 특별하니까. 교육이 해야 할 일이 바로 그런 거야. 가끔은 우리가 평범하다고 말하는 고요한 삶, 누구와 비교되지 않는 그 잔잔한 시간의 소중함을 잊는 건 아닐까 하는 생각이 들어. 너를 통해 그 귀한 평범함의 가치를 새삼 깨닫게 되었어. 교사로 살아가는 동안 다른 학생들에게도 또 다른 귀한 가치를 전할 수 있을 것 같구나. 정말 고맙다.

너희가 제각기 다른 것처럼

사람들은 참 다르게 생겼더라. 으레 다르다고 여기지만 그보다 더 많이 너희는 달랐어. 달라도 이렇게 다를 수 있을까 싶을 만큼. 누구는 너희를 외계인이라고 하더군. 그만큼 너희를 이해하고 인정하는 일은 좀처럼 쉽지 않았어. 한 사람이 한 사람을 완전히 이해한다는 건 불가능한 일이기도 하지. 그래서 먼저 너희를 사랑하려고 노력했어. 기도했지. 아무리 생각해도 내 의지로 사랑하는 건 불가능하니까.

그러고 보면 사람의 의지로 할 수 있는 게 별로 없어. 온전한 이해도 불가능의 영역이고 완벽한 사랑도 불가능의 영역이지. 다행스럽게도 너희를 깊이 사랑하게 되었지. 순간순간 너희를 떠올릴 때마다 따뜻해지는 기분이 들어. 각자 너무나 다른 너희를 사랑하겠다고 결심한 순간, 너희 각자가 걸어갈 수많은 다른 삶의 길을 떠올렸어.

교사로서 책임을 생각했지. 너희보다 먼저 세상에 태어나 시간의 물리량을 조금 더 경험한 어른으로서 너희에게 주어야 하는 것 말이야. 일단 하지 말아야 하는 게 무엇인지는 명확했어. "전에 내가 다 해봤거든. 그러니까 너희는 내 말대로만 하면 돼." 이런 말만은 하지 않기로 다짐했어.

　내가 조금 먼저 경험한 게 뭐라고 확실성을 보장할 수 있겠어? 이런 말을 적용할 수 있는 곳이 한 군데 있긴 해. 바로 공장이지. 나는 너희를 공장이 아니라 교실에서 만났잖아. 올더스 헉슬리(A. L. Huxley)의 『멋진 신세계』에서 나왔던 보카노프스키의 말처럼 말이야.

　"표준형 남녀, 균등한 집단, 보카노프스키 과정을 거친 한 개의 난자로부터 태어난 인간으로 충원된 작은 공장. 아흔여섯 명의 일란성 쌍생아들이 아흔여섯 개의 동일한 기계를 조작하는 거다!"

　무엇보다 너희는 인격을 지닌 사람이고, 내가 전에 누구와 무엇을 경험했건 너희는 그들과 다른 인격체니까 말이야. 모든 사람이 다르다는 사실은 절대불변의 진리야. 사회에서 만나는 사람들이 각자 다른 색깔의 다채로움을 지녔다는 걸 모르는 사람은 없지. 그런데 왜 꼭 교육이라는 이름이 붙으면 이런 현실을 깨닫지 못할까. 왜 교육은 너희 개성을 뭉개고 원래의 모양과 색을 없애려고 할까.

흔히 교육은 학생들에게 얼개를 제공한다고 하지. 문제는 이 얼개를 교육이 단단히 오해한다는 사실이야. 너희가 세상을 살아가기 위해, 삶의 역량을 키우기 위해서 교육은 올바른 가치를 얼개로 주어야 해. 얼개는 여기까지가 그 역할인 것 같아. 너희를 가르치는 교육의 방법, 평가까지 얼개라는 이름으로 똑같이 덧씌우려 할 때, 너희가 품고 있는 다양하고 아름다운 모습들이 보이지 않게 되더라.

이런 현실을 떠올리면 지금까지의 교육이 환상 같아. 현실을 벗어난 환상 말이야. 환상 속에서는 삶이 참 단순하게 느껴지잖아. 너희가 매일 교실에서 듣는 내용도 그렇지만 학교 분위기도, 너희가 살아가야 하는 구조도, 어른들이 제시하는 기준도 참 단순하기 이를 데 없지. 어른들의 삶은 그렇게 단순하지 않으면서 말이야. 삶이 본래 단순한 게 아닐진대 말이지. 아, 이쯤에서 다시 너희에게 미안해진다. 이제 우리 모두 환상에서 깨어날 때도 되지 않았을까.

그래서 더더욱 너희 각자에게 관심을 가졌어. 모두 다른 존재인 너희를 똑같은 기준으로 평가한다는 건 어불성설이니까. 너희가 다양한 사람임을 부인하는 것과 다를 바 없으니까 말이야. 물론 나 또한 그 다양한 사람 중 한 명이고.

다시 내 이야기를 해볼게. 혹시 '고무장갑 냄새'를 아니? 설거지를 마치면 손에서 나는 고무 냄새 말이야. 내겐 그 냄새가 참 특별하단다. 가끔 집안일을 하고 나면(자주는 아니라서 미안하지만) 손에서 나는 고무장갑 냄새를 맡을 때마다 어머니가 생각나곤 했어.

어릴 적, 추운 겨울날 밖에서 놀다가 집에 들어오면 어머니는 따뜻한 손으로 내 얼굴과 손을 감싸주셨지. 그때 내게 전해지는 어머니의 온기와 함께 고무장갑 냄새가 났거든. 다른 누군가에게는 아무 추억이나 감정 없이 느껴지는 비릿한 고무 냄새지만 내게는 어머니의 사랑을 떠올리게 하는 따뜻한 의미가 있단다.

냄새 하나에도 각자 떠올리는 인식과 기억이 이렇게나 다른데, 삶의 궤적을 각기 다른 걸음으로 걸어온 너희가 어떻게 똑같을 수 있겠어. 너희를 있는 그대로 바라보는 게 쉽기만 했던 건 아니야. 나도 어쩔 수 없는 이 시대의 어른이라 너희의 고민과 결정 앞에서 입 밖으로 튀어나오려는 충고의 말들을 틀어막은 적이 셀 수도 없단다.

사실 그때마다 갑갑하다고 느꼈는데, 지금 너희를 보고 있노라면 참기를 잘했다 싶다. 내가 너희를 똑바로 볼 수 있도록 한 건 너희 자신이었어. 너희 말과 행동, 눈빛, 감정을 담아 이렇게 말했지. "우리는 모두 달라요."

지금도 기억에 남는 아이가 있어. 루니와 별이, 그 아이들을 가르칠 때 기억이야. 혹시 〈벤자민 버튼의 시간은 거꾸로 간다〉라는 영화를 본 적이 있니? 보통 사람과 다르게 시간이 거꾸로 흐르는 주인공의 이야기를 담은 영화였어. 벤자민은 늘 사람들에게 배척을 당했지. 그럴 수밖에 없잖아. 시간이 거꾸로 흐른다니 다른 사람들이 나이가 들어 늙어갈 때, 벤자민 혼자만 젊어졌으니까. 물론 태어날 때도 할아버지로 태어나긴 했지만 말이다.

왜 갑자기 영화 이야기를 꺼내냐고? 두 아이를 볼 때마다 그 영화가 떠올랐거든. 다른 학생들과 다른 시간을 살고 있었지. 글자 하나, 숫자 하나를 쓸 때도 그 아이들의 시간은 정말 멈춘 듯 느리게 흘러갔지. 나의 시계를 기준으로 볼 때, 마치 정지 화면을 보는 것 같았어.

조급한 마음에 가슴을 졸였어. 손가락에 힘이 들어가서 몇 번이고 아이들을 내 시간에 맞추려 했었지. 그런데 아이들이 가진 시간이 다 다르다는 말이 떠올랐어. 누구에게나 똑같이 적용되리라 생각했던 시간이 어떤 아이에게는 다르다는 사실이 얼마나 새로웠는지 모른다.

속력에 따라 달라지는 상대적인 시간도 있지만, 사람마다 경험하고 소유한 시간, 자신의 삶이 흘러가는 시간도 전부 다르다는 사실을 알게 된 거야. 서로 다른 시간과 속도를 인정하고 났더니 마음이 편해졌어.

　두 아이를 눈과 가슴에 그대로 담고 나니 조급한 마음도 사라지더라. 참 고마웠어. 내가 한참 부족한 교사라는 걸 다시금 깨닫게 해줬으니 말이야. 교사로 몇 년을 일했는지는 중요한 게 아니더라. 귀한 학생들을 만나서 내 시야가 좁다는 걸 느끼는 계기가 중요한 거야. 다시 한번 다른 시간을 경험하게 해줘서 고맙다는 말을 전하고 싶구나.

　이렇게 너희가 처한 삶의 모습이 제각기 다른 것처럼 그 속에서 각자 삶의 의미가 피어나겠지. 언젠가 편지에서 너희는 '선생님 같은 교사가 되고 싶어요.'라고 말했지. 나는 답장을 보냈어. "넌 절대 나 같은 교사가 될 수 없어. 되어서도 안 되고. 너다운 교사가 되어야 해!" 이런 재미없는 농담에도 기뻐하며 조언을 받아준 너희였지.

　나를 보며 배운 것이 있다면, 나라는 사람이 정해 놓은 무엇이기보다는 그것을 받아들이는 너의 고유함이 되길 바란단다. 너희 삶은 하나의 기준으로 뭉뚱그려질 수는 없지. 각자의 삶이 뿜어내는 의미의 빛깔이 고유한 씨실과 날실이 되어 주리라 믿어.

　상상조차 할 수 없는 멋진 모습을 기대하는 것만으로도 나는 엄청난 용기가 솟아난다. 미련스럽게 느려 보일지라도 너희만의 속도로 빚어내는 아름다운 빛깔을 보고 싶어. 지금도 네 시계는 잘 가고 있지? 많이 보고 싶다.

다소 늦은 나이에 공부를 시작했을 때

교사의 자리는 행복한 만큼 무거웠어. 내 성향 탓이기도 해. '교사'를 무슨 성직자 바라보듯 했으니까. 가끔 두 발이 땅속으로 꺼지는 느낌일 때도 있었어. 한 발도 내딛지 못하고 그럴 의욕마저 사라질 때 나를 바라보는 너희가 없었다면 도망치듯 뛰쳐나갔을 수도 있었어. 너희는 그런 내 심정을 모를 거라고 여겼지.

너희는 다 알면서 나를 다시 세워줬단다. 신기했어. 그때마다 미소로, 말로, 편지로, 행동으로 말이지. 어느 날은 책상에 돌멩이 하나가 있는 거야. 알고 보니 너희가 산책하다가 나를 주려고 예쁜 돌을 주워온 거였지. 돌멩이 하나지만 그게 그리 좋더라. 이런 사소한 일에도 위로를 받다 보니 어떻게든 교사로 살아갈 희망이 생기더구나. 중압감이 컸지만, 너희를 만날 수 있는 이 자리를 지킬 수 있다는 것이 행복했어.

다소 늦은 나이에 공부를 시작했을 때, 몇몇 분이 공통된 조언을 해줬지. 공부할 때는 공부에만 집중하도록 일은 잠시 쉬고 공부만 하라는 이야기였어. "가족이 4, 5년만 고생하면 됩니다." 결국은 대출을 받으라는 말이었지. 이구동성으로 같은 말을 하더라.

나를 위해 하는 조언이었지만 웃어넘겼어. 그럴 생각이 조금도 없었거든. 솔직히 그렇게 말하는 게 싫었어. 내가 좋아하는 일을 위해 가족의 희생을 정당화하는 건 내 가치와 맞지 않으니까. 가족을 고생스럽게 한다면 공부를 포기하는 게 낫다고 생각해.

하지만 공부에 대한 열망이 있었기에 퇴근 후 시간을 쪼개 가며 공부했고, 열심히 일하는 틈틈이 공부했지. 내 자리는 가장이잖아. 일하며 공부하는 게 힘들지만 기쁨도 있었어. 우선 내 자리를 지켜가며 할 수 있는 모든 걸 하고 있다는 사실 그 자체였어.

박사 과정은 장학금 제도가 없더라구. 그래서 걱정이었는데, 열심히 공부하면 공모전이나 학술대회처럼 지원해 주는 곳이 있다는 걸 알게 되었어. 나와 가족을 위한 일이라 생각하며 논문을 썼고 매년 지원을 받을 수 있었지. 내 자랑 같지만, 비록 많지 않더라도 지원비가 살림에 큰 도움이 되었어. 가족에게 부담 주지 않으면서 공부할 수 있다는 사실이 행복했어.

왜 이런 개인사를 털어놓는 건지 이상할 법도 할 거야. 너희에게 하고 싶은 말은 치열한 '헝그리 정신'이거나 '하늘이 무너져도 솟아날 구멍이 있다'라거나 '내가 이렇게 열심히 했으니 너희도 열심히 해'라는 뜻이 아니야. 너희도 알 거야.

요즘은 자신의 자리를 지키는 일을 딱히 중요하게 여기지 않더구

나. 뜻이 그러하다면 자신이 가진 정체성은 언제든 바뀔 수 있다고들 말하지. 가족의 끈도 쉽게 끊어지는 세상인데 뭔들 쉽지 않겠나 싶다. 공동체 관계는 갈수록 약해지고 개인의 삶, 감정, 목표, 취미, 취향을 더욱 중시하는 것 같더라. 특히 직업을 선택하는 첫째 조건이 '자신이 좋아하는 일'이라고들 하지. 솔직히 돈을 더 많이 버는 직업을 선택할 거면서 말이야.

사람은 세상의 어떤 가치보다 소중한 존재야. 요즘은 개개인이 존중받는 걸 무엇보다 중요하게 여기는 시대이고, 이러한 인식은 지금보다 훨씬 더 널리 퍼져야 한다고 생각해. 다만 개인을 존중하는 것과 개인이 자신의 권리를 최고의 권위에 두는 건 전혀 다른 이야기야. 나의 권리와 취향으로 인해 고통받는 또 다른 개개인이 있을 수 있기 때문이지.

사실 공부를 다시 시작한 건 이러한 사유와 결을 같이 한단다. 난 너희와 있을 때 가장 행복해. 그렇게 행복한 시간을 보내다가 낯선 고민이 찾아왔어. 내가 좋아하는 일과 해야 하는 일이 다르다면 어떻게 해야 하지? 내게 우선순위는 '교사를 세우는 일'이었어. 교사들에게 깊이 영향을 받는 너희 모습을 보면 종종 두렵기도 했거든. 무엇보다 제대로 된 교사가 되는 것, 그런 교사와 학생이 함께하는 게 중요하다고 여겨지더라.

나만 잘하고 노력하면 그뿐이라고 생각하기에는 고민이 깊어져 버렸지. 지금도 여전히 학생들과 함께 있으면 행복하지만, 다른 교사들이나 예비 교사들과 보내는 시간이 필요하다는 사실을 절실히 깨닫게 되고 책임을 느끼기 시작했거든. 그렇다면 어떻게 해야 하지? 동료들과 공감대를 형성하고 연대할 수 있는 가장 좋은 방법이 무엇인지 고민했어. 공부를 더해야겠다고 마음 먹은 이유야.

개인의 권리가 빛을 발할 때는 서로 관계하면서 책임이 동반될 때지. 아내에겐 남편, 아이들에겐 아빠, 너희에겐 교사라는 내 자리가 그런 걸 거야. 개인의 정체성은 그렇게 관계 속에서 나타나기 마련이잖아. 그런 책임의 자리가 무겁게 느껴진 거야. 물론 상황에 따라 그 자리를 옮길 수 있다고 생각했어. 내 자리가 삶에 요구하는 게 분명히 있기도 하니까.

이런 생각을 해 보자. 나는 왜 우리 부모님 밑에서 태어났을까? 왜 이 학교에 다녔을까? 왜 저 사람과 같이 일하게 되었을까? 하필 이 공동체에 속해 있을까? 하고 말이지. 가끔 그렇게 고민해서 모인 의미의 조각들이 어떤 그림의 한 부분일 거라고 상상해. 내가 미처 알지 못하는 그림이겠지만 말이야. 어떤 그림이든 사람마다 다르겠지.

우리가 더 깊이 생각해야 할 것은 그 그림들이 모두 연관되어 있다는 거야. 너희의 시간과 공간을 채우는 퍼즐 하나하나가 어떻게 하느냐에 따라 관계 속에서 다른 사람의 퍼즐에 영향을 미칠 테니까. 신기한 일이지 않니?

우리 자리를 찬찬히 둘러볼까? 나를 둘러싼 환경은 무엇일까? 어떤 사람들이 있을까? 어떤 책임을 맡고 있는지, 그 책임이 어떤 의미이고, 사람들에게 어떤 의미일지 말이야. 이렇게 하루하루 쌓이고 수많은 의미들이 자리잡으면 커다란 그림이 만들어지겠지. 어떤 그림일지 궁금해.

혹시 내가 삶을 마감하는 순간이 오면 삶의 그림이 어떤지 봐 주라. '아, 선생님은 이런 그림을 그리셨구나'라고 말이야. 그 시간이 행복했으면 좋겠어. 너희가 색칠한 내 삶의 한 자락, 내가 그린 너희 삶의 한 자락이 소중하고 아름답게 공유되어 있을 테니까. 서로를 향한 책임이자, 너희들이 그린 그림이기도 하니까.

· LETTER 12 ·

나는 너희를 응원할 거야

아, 어느덧 낙엽 밟는 계절이 왔구나. 이 아름다운 계절이 해가 갈수록 짧아지니 바람처럼 스쳐 가는 가을이 아쉬울 뿐이야. 이런 감상적인 생각 끝에 '지구 온난화에 관한 수업을 다시 해야겠구나'라고 중얼거리는 걸 보면 나는 정말 어쩔 수 없는 교사인가 봐.

오늘은 모든 고민을 내려놓고 아내와 하염없이 낙엽을 밟았지. 아내에게 너희 이야기를 들려주었어. 떨어진 낙엽을 보니 너희와 편지를 나누었던 일이 떠올랐거든. 그때나 지금이나 땅에 떨어져 있는 낙엽을 보면 예쁜 편지지라는 생각이 들어.

조그마한 낙엽 한 장에도 편지를 썼지. 빨간 단풍잎, 노란 은행잎은 모두 편지지가 되어 주었어. 특히 단풍잎에 편지를 쓸 때면 다섯 잎의 갈래마다 몇 글자를 적어 가면서 낙엽이 부서질까 조바심을 냈던 기억이 나네. 몇 마디 말이나마 건네고 싶었던 거야. 그때 너희는 다른 수업을 듣고 있거나 내 옆에서 책을 읽었지. 솔직히 낙엽에 글씨 쓰기가 쉬운 일은 아니었어. 그래서 모든 아이에게 쓰지는 못했지만, 담임을 맡았던 반 아이들은 빼놓지 않았던 것 같아.

가을이 오면 너희와 함께 종종 교실 밖으로 나갔어. 아침 묵상 시간이나 과학 시간, 담임 시간이면 높디높은 하늘과 부드러운 바람 냄새, 땅에서 올라오는 흙냄새까지 맡도록 밖으로 쏘다녔지. 가슴은 설레면서도 머리는 차분하게 식혀 주었던 참 멋진 풍경이었어. 틈만 나면 교실 밖 벤치에 앉아 공부하거나 함께 책을 읽었지. 독서를 하다가도 머리를 맞대고 조용히 대화를 나누는 시간도 좋았어. 다시 담임을 맡는다면 또 그렇게 할 거야.

계절이 바뀌며 자연이 쏟아내는 풍성한 아름다움, 앙증맞은 빨간 단풍잎과 레몬처럼 샛노란 은행잎이 발에 밟힐 때마다 사각사각 나뭇잎 소리가 들렸지. 파란 하늘과 다채로운 낙엽이 섞이면서 드러나던 계절의 따뜻한 온기. 나뭇잎 사이를 뚫고 들어오는 햇살, 선선해서 달콤함이 묻어나던 바람. 가을은 이처럼 아름다운데 너희에겐 잔인한 계절이었지.

안타깝게도 수능은 이 모든 걸 잠재웠어. 수능 D-day가 카운트되는 시기이기도 했으니까. 나는 너희가 계절의 변화를 느끼길 바랐어. 작은 교실, 작은 책상 앞에 앉아 작은 달력이 가리키는 날짜를 세며 마음 졸이는 게 안타까웠거든.

계절은 거대한 변화를 몰고 오지. 내가 경험하는 변화의 이유가 우주 공간에 지구가 그리는 타원형에 있다는 것을 알까? 지구가 지나온 궤적의 증거와 흔적을 우리가 보고 듣고 만지고 느끼고 있다고 생각하면 이 세상이 달라 보인단다. 단순히 지구의 공전 탓에 발생하는 현상이라고 무덤덤하게 넘길 일이 아니란 뜻이야.

그런 거대한 변화가 시시각각 우리를 둘러싸고 있건만, 비좁은 교실, 작은 책상, 손바닥만 한 시험지와 주먹만 한 답안지를 사인펜으로 채우고 있는 너희를 볼 때마다 이처럼 갑갑한 현실을 물려주고 싶지 않았어.

물론 답안지를 꼼꼼하게 채워야 할 필요도 있겠지. 시험을 무시하라는 이야기는 아니야. 다만 계절의 변화와 거대한 세계의 흐름을 존재에 대한 의미로 받아들이길 바랐어. 물론 너희는 멋지게 해냈지. 채워야 하는 답안지 칸만이 유일한 세상이 아니라는 걸 알았을 때, 너희는 자유로워했고 기뻐했고 오히려 그전보다 진지하고 열심히 하는 모습을 보여줬으니까.

어떤 일을 하든 나는 너희를 응원할 거야. 너희가 보여준 모습처럼, 너희의 자리는 우주만큼 드넓다는 걸 깨달았으니 내 응원이 없어도 잘 해낼 테니까. 그냥 바라만 봐도 마음이 놓일 정도로 너희는 어디에 데려다 놔도 잘할 거라는 확신이 생겼어.

오늘은 선생님의 아들딸과 산책하러 나갔단다. 가지마다 짙은 주홍색 감이 주렁주렁 달려 있더라. 가을의 따뜻한 햇볕에 라벤더가 무럭무럭 자라고 파란 하늘 밑에서 첫째 아이는 자전거를 타고, 둘째는 낙엽을 가지고 놀고 있었고, 셋째는 수확 시기가 다가온 옆집 할머니의 배추밭을 구경했지. 이 모든 변화를 어느 것 하나 놓치고 싶지 않아졌어.

꿈을 크게 가지라는 구태의연한 말은 하고 싶지 않아. 사람들이 말하는 큰 꿈은 남들보다 높은 자리, 남들보다 많은 연봉, 남들보다 강한 권력을 말하는 거니까. 주변 사람과 어떻게 하면 보조를 맞춰서 걸어 갈 것인지 고민하기보다는 나의 상대적 우위에만 초점을 맞추지. 우리가 말하는 큰 꿈은 그게 아니잖니? 우리가 있는 곳이 우리 생각보다 더 넓다는 것. 갈 수 있는 곳이나 할 수 있는 일이 생각보다 훨씬 많다는 것. 지금 어떤 모습으로 어디에 있든지 너희와 함께 이 가을을 느껴보고 싶다. 풍성한 가을의 여유만큼이나 너희 마음에도 수많은 가지가 뻗어 나가길 바랄게. 너희는 너희 자리에서, 나는 내 자리에서 서로 힘차게 뻗어 나가 보자.

· LETTER 13 ·

질문의 끈을 놓지 마

한번은 아들의 친구를 내 차에 태운 적이 있어. 아이는 뒷좌석에 앉더니 이렇게 말하더라.

"와! 선생님 차는 신기하네요."

처음엔 도대체 무슨 말인가 싶더군. 10년 가까이 타고 다닌 낡은 경차였으니 말이야. 이유를 묻는 내게 들려준 아이의 대답에 헛웃음이 터져 나왔지.

"선생님 차는 창문을 손으로 돌려야 내려가네요? 이런 차, 저는 처음 봐요!"

맞는 말이었어. 꽤 연식이 오래된 구형이라 창문을 올리고 내리는 버튼이 없었거든. 마치 팔 운동을 하듯이 손잡이를 잡고 돌려야만 했지. 아이는 태어나서 이런 차를 처음 본 거야.

문득 우리가 이렇게나 다른 세상을 살아왔구나 싶더라고. 동시에 뿌듯하기도 했어. 한 아이에게 옛날 차를 타볼 경험을 안겨준 셈이었잖아. 살면서 이 아이가 언제 이런 경험을 해 보겠나 싶어서 마음껏 손잡이를 돌려보라고 했더니 신이 나서 반복하디구나. 친구를 지켜보던 아들 표정도 왠지 모르게 자랑스러운 듯했어.

요즘은 자동차는 말할 것도 없이 모든 게 빠르게 변하고 있어. 내가 살아온 시간 속에서 이렇게 빠른 속도로 세상이 변해 가던 때가 또 있었나 싶다. 삶의 변화만큼 시간도 빨리 흘러가는 것 같아. 너희와 함께하는 시간도 마찬가지였어. 하루가 어떻게 지났는지도 모를 만큼 사방에서 통통 튀어오르던 너희와 지낸 시간을 되돌아보면 다행히 사랑스러운 기억만 남아 있더군.

모래알처럼 빠져나가는 시간 속에서 시시때때로 찾아오는 질문이 하나 있었어. "나는 왜 여기 있을까?" 너희를 만나는 자리를 후회한다는 뜻이 아니라, 생의 본질에 대한 순수한 질문이었어. 질문의 깊이는 날이 갈수록 더해 갔지. 교사라는 정체성, 나를 둘러싼 모든 주변을 향한 질문이기도 했어.

한계가 찾아오더구나. 이 물음에 대해 답하지 않고는 견딜 수 없었어. 딱히 개인에 한정된 질문은 아니었을 거야. 생각해 보렴. 우리가 이 질문을 하지 않을 수 있을까? 오늘 아침, 죽음보다 깊은 잠에서 깨어 눈을 떴다는 사실은 나라는 한 인간이 이 땅에서 또 다른 하루를 살아가는 이유가 아닐까? 오늘에 어떤 의미를 두셨기에 나를 살도록 하신 걸까?

만약 이러한 의미가 없다면 매일 새로운 아침을 맞이할 수 없을 거야. 이렇게 절대적인 하루의 시간을 온종일 너희와 보내는데, '왜?'라는 질문을 잃어버린다면 시간과 공간이 얼마나 허무할까 싶었어. 나를 너희에게 보낸 이유가 있지 않을까?

이 질문에 대해서 딱 맞아떨어지는 해답은 쉽지 않았어. 내 삶에 대한 구체적인 목적을 알 수 없었지. 어떤 이들은 '어느 나라로 가서 선교해라', '무슨 일을 해라'라는 말씀을 듣는다는데 그런 일은 내게 일어나지 않았어. 한 가지 확실한 건 이러한 구체적인 목표가 있어서 나를 이끄는 게 아니라 근원에 대한 질문이 나를 이끌고 있다는 믿음이었지.

뿌연 안개 속을 걸을 때면 두 손을 휘저으며 안개가 걷히길 바랐지만 한 치 앞을 내다보기는 커녕 막막할 뿐이야. 다만 안개로 뒤덮인 길 가운데 한 줄기 끈, 그 질문의 끈을 놓지 않고 걸어가면 되는 거야. 걷다 보면 가까이 있는 길이 보이더라.

너희와 내가 앞으로 살아갈 삶도 그래. 거창하지만 일단 탐험가라고 하자. 탐험가가 고인 물이 되는 건 한순간이지. 자신에게 주어진 질문의 끈을 놓고 '여기가 좋사오니' 할 때가 바로 그때야. 질문이 멈출 때, 우리 삶은 최대 위기를 맞지. 너희와 인사를 나눌 때도 나는 이렇게 물었지. "잘 살고 있니?" 만약 '잘 지내냐'라고 물었다면 너희는 무의식적으로 '네'라고 답하겠지. '잘 지내냐'라는 말은 그냥 형식적인 인사에 불과하기에 너희를 만나면 질문을 던져주고 싶었어.

그렇다고 해서 철학자처럼 '지금 너희는 어떤 질문의 끈을 잡고 살아가니?'라고 무게를 잡고 싶진 않았지. 그랬다면 너희는 나를 피해 다녔겠지? 중심을 잡되 가볍지 않은 질문이 뭘까 생각하다가 '잘 살고 있니?'라는 인사말을 떠올리게 된 거야.

작은 변화의 몸짓이지만 고맙게도 너희는 반응을 해 줬어. 반사적인 대답을 하기 전에 멈칫하면서 생각에 잠기는 모습이 얼마나 사랑스러웠는지 몰라. 물론 즉석에서 답하기 어렵다는 문자도 받았지.

사실 이 또한 나를 향한 질문이었어. 질문을 던질 때마다 끊임없이 내게 되돌아오는 물음말이야. 누군가는 왜 이렇게 피곤하게 사냐고 할 수도 있어. 하지만 한번 주어진 삶인데, 대충 그럭저럭 살아가는 건 아니지 않을까. 언젠가 너희에게도 이 질문이 찾아올 거야. 어른이 된다고 달라지지는 않더라. 나뿐 아니라 다른 어른도 마찬가지지.

삶의 길을 '진로'라고 부를 수도 있을까? 어쩌면 우리는 평생 진로를 고민하며 살아간단다. 진로 상담이라는 용어로 뭉뚱그리지는 말자. '진로 탐색'이라고 해놓고 '직업 탐색'하지만 말고 믿을 만한 어른들에게 물어보렴. 아마 다들 진로에 관해 고민스럽다고 말할 거야. 그렇다고 진로 탐색이 고통스러운 것만은 아니야. 치열한 고민이 행복

한 삶과 공존할 수도 있거든. 아니, 행복한 삶은 치열한 고민이 선행되어야 한다고 봐야 해. 삶의 목적, 내가 왜 여기 살고 있는가를 고민할 때마다 찾아오는 의미의 향연이 우리 삶을 얼마나 풍요롭게 할지 상상해 보렴. 그 향연을 맛본 사람이라면 기꺼이 질문에 대한 기다림을 감수할 수 있단다.

사는 게 바빠서, 세상이 빠르게 변화해서 정신을 못 차릴 수도 있어. 나도 그랬거든. 그때마다 우리 잘 살고 있는 걸까? 라고 묻는 거야. 오늘도 어제와 다른 향긋한 의미 하나를 발견했지. 너희도 그러길 바라고. 질문이 너희의 삶을 어떻게 이끌었는지 궁금해. 기도하고 응원할게. 우리 그 의미를 잘 찾아보자꾸나. 다음에 만나면 이렇게 인사하자. "잘 살고 있니?"

· LETTER 14 ·

기다림과 지루함의 가치

"선생님, 수업 언제 끝나요?" 지겹다는 듯 몸을 배배 꼬며 칭얼거리는 말투로 이렇게 묻는 학생을 보면 교사는 낙담할 때가 많아. '내 수업이 그렇게 재미없나?'라는 생각이 들면서 스스로 교사의 자질을 끝없이 의심하게 되지. 교사가 되려면 강심장이 되어야 하는 것 같아. 내가 괜히 호랑이 선생님이 되었겠어?

너희가 학교에서 재미있고 유익한 시간을 보내길 바랐어. 수업시간에는 교과 활동이 있고, 학교에는 다양한 프로젝트가 있으니 자신의 관심사에 따라 공부하는 환경이기를 바랐지.

학생의 요구에 따라 새로운 수업을 개설할 수 있는 학교, 학생이 주체가 되어 세밀한 교육과정에 개입할 수 있는 학교, 학생 주도 하에 활발한 소그룹 활동이나 다양한 스터디를 하는 학교 등등. 내가 꿈꾸는 학교는 이밖에도 스무 가지 정도는 더 예를 들 수 있을 것 같아. 이 꿈은 지금도 변하지 않았지.

호모 루덴스(Homo Ludens)라는 말이 있어. 재미 추구가 인간의 본능이라는 의미에서 인간을 존재론적으로 지칭하는 말인데, 전문용어라서 어려울까? 아무튼, 누구나 재미와 향락을 추구한다는 뜻이야. 그런데 한번 재미에 맛 들인 사람은 점점 더 강도를 높이려고 해. 마치 게임을 하듯, 눈앞에서 결판을 내려 하고 시시각각 결과를 확인하려 하지. 재미만을 본능적으로 따른다면 너무 말초적인 거 아닐까.

요즘 사람들은 고통은 물론, 지루함과 기다림을 없애는 데 인생 최대의 목표를 두고 있는 듯해. 직장 업무가 지루하다는 이유로 취미생활이나 유희에 집중하는 사람들이 많아졌어. 직장이란 결국은 '돈'을 벌기 위해 마지못해 나가는 밥벌이로 전락해버린 셈이지.

　꾸준히 준비하고 기다리는 건 지루하니까 '3주 완성' 혹은 '3개월 마스터' 같은 제목의 책들이 날개 돋친 듯 팔려 나가고. 유튜브는 말할 것도 없어. 사람들이 기다려주지 않으니까 영상 길이는 점점 짧아져. 이렇게 조각나고 잘린 영상들이 넘쳐나지. 현대인에게 기다림과 지루함은 공공의 적이 되어버렸어.

　이럴 때면 떠오르는 장면이 있어. 오선지의 늘 같은 마디를 연주하던 너, 세은이. 피아노를 연습하는 소리를 들을 때면 안타까운 마음이 들 정도였지. 두세 마디를 넘지 않고 늘 같은 부분을 끊임없이 반복하고 있었거든. 어떤 날은 두 시간 내내 같은 마디만 치고 있는 네가 힘들까 싶어서 슬쩍 '연습할 만하니?'라고 물으면 넌 언제나 웃으면서 괜찮다고, 고맙다고 말했지.

　너는 연습이 길어지면 손목이 아프다고 하면서도 지루한 시간을 견뎌내고 있었어. 그런 네 모습이 참 멋져 보이더라. 재미는 뒤로 하고 넌 오로지 연습에만 몰두했지. 네 표정을 보며 확신했어. 가장 중요한 건 비록 재미와는 거리가 멀었지만 기쁨을 아는 얼굴이었거든.

　네가 피아노를 그만둔다고 했을 때, 걱정 따위는 하지 않았어. 그 동안 네가 보여준 모습은 '값지고 꾸준한 지루함'이었거든. 그걸 아는 네가 뭔들 못할까 싶었지. 자신은 알아차리지 못했겠지만 나는 볼 수 있었어. 지루함보다는 재미를, 기다림보다는 자극을, 전체보다는 조각난 영상에 더 열을 올리는 세상에서 반짝이며 빛나는 너를 말이야.

'호모 루덴스'가 인간 본성을 의미한다면 '기다리는 인간'은 존재를 당위적으로 보여주는 말이 아닐까. 삶은 지속적이기에 꾸준함이 필요해. 뭔 꼰대 같은 말이냐고? 인간이 원래 그런 존재라서 어쩔 수가 없어. 꾸준함 없이 이룰 수 있는 게 있을까? 지루함을 견디지 않고 어떤 결과를 기대할 수 있을까?

재미있는 학교를 꿈꾼다고 했잖아. '재미'만 추구하면 교육이라 할 수 없어. 재미만 모아 놓은 삶은 존재하지도 않을 테니까. 우리가 겪어온 수많은 삶의 모습이 이미 증명하지 않았니? 그래서 나는 너희가 기쁨을 알기를 바랐어. 때론 지루하겠지만 기다림이 주는 기쁨만큼 큰 것은 없으니까.

우리는 재미를 추구하는 존재인 동시에 더 깊은 기쁨을 추구하잖아. 재미가 일시적이라면 기쁨은 지속적이지. 기다림과 지루함을 원치 않는 시대에서 그 가치를 알고 인내하며 기뻐하는 것. 그게 우리가 이루고자 하는 바야. 물론 쉽지 않겠지만 함께 힘내자!

학생의 다양성을
인정하는 이유

설렘과 두려움, 학생들 앞에 있는 교사의 양가감정이다. 교사와 학생의 만남으로 발생하는 감정의 경험이다. 어떤 의미에서 교사라면 학생을 대할 때 설렘과 두려움을 느끼는 것이 당연하다고 생각한다. 만약 이러한 감정을 경험하지 않은 교사가 있다면 차 한 잔을 놓고 길고 따뜻한 대화를 나누고 싶다.

교사가 사람이듯, 학생도 사람이다. 지극히 당연한 것이 때론 어려울 때가 있다. 앞서 교사가 교육 현장에서 발현하는 인간성, 인격에 관해서 이야기했다. 교사의 인격을 학생들은 있는 그대로 받아들인다. 간혹 교사 스스로 자신의 인격을 돌보지 않는 것과 마찬가지로 교사는 물론 학생 스스로 학생의 인격을 염두에 두지 않는 상황을 교육 현장에서 자주 목격한다. 인격을 인격으로 받아들인다는 말은 무엇을 뜻할까?

학생은 교사를 눈으로 보고, 귀로 듣고, 코로 맡으며, 손으로 만진다. 이것은 학생과 학생 사이의 관계에서도 마찬가지다. 하지만 교사와 학생의 수직적 관계에 비할 수는 없다. 교사가 가진 기본적 권위는 교사가 지닌 인간성과 상관없이 존재하기 때문이다. 교사의 말 한마디와 행동은 단지 교사라는 이유만으로 학생에게 큰 영향을 끼친다. 긍정적이든 부정적이든 교사의 권위에 학생은 인격으로 반응한다.

사람의 감각(눈, 귀, 코, 손)은 감각 자체로 분리, 존재하는 것이 아니다. 인격체마다 다양한 삶의 흔적이 있기에 학생 한 명 한 명이 쌓아 올린 각기 다른 인생관을 토대로 이를 해석하고 받아들이는 첫 번째 관문인 셈이다. 감각과 인식, 받아들임은 구분할 수는 있어도 서로 떼어놓고 생각할 수 없는 연속적인 과정이라는 뜻이다. 교육 현장에서 교사가 겪는 설렘이자 두려움의 이유이다.

학교 수업도 마찬가지다. 내가 가르치는 과학을 예로 들면, 학생들과 나누는 내용이 단순히 과학적 사실로만 전달될까? 과학 교과의 성격을 객관적으로 규정할 수 있는 이유는 과학이 지닌 객관적인 방법론 때문이다(물론 '객관적 방법론' 자체에 대해 많은 의견이 있을 수 있지만 여기서는 다루지 않기로 한다). 중요한 사실은 지극히 객관적으로 보는 과학 교과도 객관적일 수 없는 사람이 가르친다는 것이다. 이를 받아들이는 학생 역시 다양한 인격을 지닌 사람이다. 과학은 대부분 자연과학으로 채워진 규칙과 법칙, 경향성을 배운다고 해서 배움을 체험하는 학생을 원자의 덩어리로 볼 수 없지 않은가. 교사가 다루는 내용이 과학 교과라 해서 인간이 과학화되는 것은 아니다.

교육 현장의 배움은 인격을 빼고 생각할 수 없다. 교육의 자리에서 학생들은 언제나 배운다. 눈, 귀, 입, 코, 피부처럼 감각적으로 받아들인 모든 정보는 중립적인 정보로 남지 않는다. 학생들은 배움을 통해 자유와 의지, 믿음 같은 형이상학적 관점을 형성하게 된다. 문제는 이처럼 어떤 상황에서도 인격이 우선될 수밖에 없는 배움을 객관적인 정보만으로 취급하는 교육의 흐름이다. 이처럼 거스를 수 없는 것을 거스르려고 할 때 문제가 생긴다.

'인성교육'에 대한 이야기가 나오기 시작한 건 꽤 오래전의 일이다. 늦은 감이 있었지만 환영할 만한 주제였다. 학생의 인격성을 배제한 교육이 어떤 문제를 일으키는지 자각했다는 뜻이기 때문이다. 그럼에도 바뀐 것이 없다는 사실을 이제는 누구나 알고 있다.

인성교육은 상담이나 인성 강화 프로그램을 만든다고 해서 하루아침에 달라지는 것이 아니다. 교과가 파편화된 틈에서 독립된 하나의 프로그램만 '인격'을 외친다고 될까? 그마저도 인성교육을 무슨 이 벤트처럼 생색내기에 그치고 있기에 더욱 그렇다. 프로그램이 필요하지 않은 것은 아니나 학생을 둘러싼 모든 교육적 요소들이 유기적인 망을 이루어 접근할 문제라고 본다. 학교 교육에서 절대적인 시간을 차지하는 교과, 이를 통해 학생들을 만나는 교사들, 학생의 사람됨을 고려하지 않는 서열식 평가는 안타깝게도 인성교육이라는 껍데기만 남기고 사위어 갈 뿐이다.

'학생도 사람'이라는 말이 갖는 또 다른 의미는 모두 독립된 인격 체라는 데 있다. 앞서 말한 감각의 사전적 정의는 같을지 몰라도 모든 학생이 받아들이는 과정은 다르고, 당연히 달라야 한다. 감각의 강약 도 다르고 받아들여 해석하는 모양도 다르다. 교사가 살아온 삶의 궤 적이 다르듯, 학생들이 살아온 삶의 흔적 또한 다르다. 사실 우리 모 두 알고 있는 사실 아닌가.

요즘처럼 소외 계층, 약자, 사회적 소수자에 관한 이야기가 많이 나온 적이 없다(공론화된 만큼 그들이 대접을 받는다는 건 아니다. 불행한 일이 다). 다행스럽게도 우리 사회는 이제라도 조금씩 사회의 다양성에 관 심을 기울이고 있다. 무엇보다 다 같은 인간이기에 존중을 받아야 한 다는 깊고 자명한 가치를 말하는 사람이 많아졌다. 학생들을 보자. 그 들은 어떠한가? 그들의 수만큼 셀 수 없는 다양함을 교육은 존중하고 있는가?

진학과 진로에 대한 재미있는 시선이 존재한다. 많은 사람이 소위 '예체능'은 원래 그 학생이 가진 능력이나 자질이 가장 중요하다고 말한다. 맞는 말이다. 학생들이 가진 음악적, 미적, 예술적, 육체적 감각 등은 천차만별일 수밖에 없다. 여기엔 생물학적 유전과 환경적 요인이 복합적으로 작용한다. 생물학적 유전이나 환경적 요인 중 어떤 것이 학생의 감각과 능력에 더 큰 영향을 미쳤는지는 중요하지 않다. 이상한 건 예체능 분야로 진로를 결정한 학생들의 경우 이러한 다양성의 관점으로 바라보지만 이를 제외한 다른 분야에서는 그렇지 않다는 것이다. 슬픈 일이 아닐 수 없다.

우리 사회는 언제부터랄 것도 없이 전체주의적 교육을 받아왔다. 이러한 교육은 구조와 내용, 방법적 측면에 관해서도 획일적인 방향성을 견지해 왔다. 그래서 체육은 못해도 되지만, 수학은 잘해야 했고, 그림은 형편없이 그려도 상관없지만, 영어 단어는 줄줄 외워야 했다. 피아노 연주는 취미로 해도 좋지만, 음악 시험은 잘 봐야 했고 운동장에서 훨훨 날지 못해도 책상 앞에는 묵묵히 앉아 있어야만 했다. 꾸벅꾸벅 졸고 있는 한이 있더라도 책상을 떠나지 않는 학생은 조는 것마저 미덕으로 받아들여졌다.

학생이라는 신분을 지닌 이들은 하나부터 열까지 지적(知的) 기준에 의해 평가받는다. 여기에는 예외가 없다. 학교 안에서 다뤄지는 예체능과 지적 교과의 기준이 이렇게 다를 수 있을까?

이것은 학생이냐 아니냐에 따라서 인간의 다양성을 상황에 따라 다르게 적용하는 모순이다. 우리의 현실 교육에 이러한 모순이 깊이 뿌리박혀 있는 것 또한 사실이다.

모순의 원인을 입시로 꼽든 사회적 압박이든, 혹은 능력주의든 간에 교육 일선에 있는 사람들은 학생의 다양성을 인정하지 못하게 만드는 모든 요소에 대해 강력하게 맞서야 한다. 특히 나 같은 교사라면 더욱 그렇다. 사람인 학생을 사람인 교사가 교육한다고 하면서 사람의 본질에 대한, 특히 인간의 다양성에 대한 숙고가 배제되었다면 이를 교육이라 볼 수 있을까.

학생의 다양성에 대한 철학이 견고하다면 그에 맞는 다양한 교육 내용과 방법, 평가, 진로교육이 교육과정 전체로 구성되어야 한다. 교육학자 우치다 타츠루(內田樹)는 다양성이 없는 획일적 교육에 대해 말한다.

가장 위험한 장소는 다음 선택지가 하나밖에 없는 위치입니다. 선택할 수 있는 동선도, 취할 행동도, 움직일 수 있는 타이밍도 하나로 정해진 것이 가장 위태로운 상황입니다. 있어야 할 장소, 순간, 해야 할 일. 모두

'해야 한다'라는 표현 때문에 유일한 정답이 있는 것으로 착각하기 쉽습니다만, 사실 반대로 정답이 정해지지 않은 곳이야말로 정답이 됩니다."

- 『완벽하지 않을 용기』 215~216쪽 중에서

언젠가 학생들을 데리고 지리산 둘레길을 걷던 기억을 떠올렸다. 나는 딱히 운동을 좋아하지 않았다. 특히 구기 종목 운동은 어느 하나 잘하는 것이 없었고, 오래 걷고 오래 뛰는 건 잘했다. 지리산 둘레길은 그런 나에게 큰 부담이 아니었다. 4박 5일 동안 학생들을 안전하게 인솔하여 정해진 시간 안에 돌아오면 되었다.

지리산 둘레길은 처음이었다. 수십 명의 학생이 대열 앞에 선 나를 따라왔다. 문제는 내가 이곳 길을 잘 알지 못한다는 것이었다. 그럼에도 호기롭게 앞장 서서 뚜벅뚜벅 걸었다. 초행이었기에 두 갈래 길이 나오면 두리번거렸다. 등 뒤에서 나를 따라오던 학생들은 그런 모습을 고스란히 다 보았을 것이다.

마침내 길을 잃고 말았다. 수십 명의 학생과 지도교사들이 나의 실수로 잘못된 길로 들어섰으나 멈출 수가 없었다. 잘못 들어선 길은 산책로와 비교가 되지 않을 만큼 매우 힘든 길이었다. 학생들은 지치기 시작했고, 평탄하게 출발했던 지리산 둘레길이 극기훈련 코스로 변해버렸다.

한참 걸은 후에야 우리가 원하는 종착지에 다다랐다. 나중에 알고 보니 능선을 따라 산 반대편으로 에둘러 갔어야 하는 길을 정상을 향해 직선으로 종주한 탓에 산을 관통한 것이다. 당시 등 뒤에 바짝 붙어서 따라오던 남학생이 내게 건넨 말을 잊을 수 없다.

"선생님, 선생님도 길을 모르셔서 막 두리번거리셨잖아요."

"그렇지."

"불안하지 않으셨어요?"

"아니, 가다 보면 길이 나오겠지. 아니면 돌아가면 되고."

"ㅋㅋ 선생님. 저희는 진짜 무슨 모험하는 기분이었어요. 처음엔 살짝 불안했는데, 가만 보니 선생님이 길을 만들고 계시더라고요. 솔직히 많이 힘들긴 했지만 진짜 재미있었어요."

능글맞게 킥킥대는 남학생은 흥분으로 살짝 들떠 있었다. 지금도 생생하게 그 말투를 기억한다. 상기된 목소리와 표정으로 이런 대화를 나누었던 그때가 잊지 못할 추억이 되었다. 그 후로 학생들은 '로드 메이커(road maker)'라는 별명을 내게 붙여 주었다. 지금도 우리 학교는 그때와 동일한 둘레길 코스로 지리산 여행을 떠난다. 누구도 예상하지 못했던 그 길로 말이다.

이 일은 두 가지 본질을 던져주었다. 하나는 학생들이 가진 야생성이고, 다른 하나는 앞서 이야기하고 있는 다양성이다. 사람에게 '야생'

이라는 표현을 붙이는 게 딱히 만족스럽지는 않다. 다만 내가 전달하고자 하는 학생들의 모습을 이해하는 데 도움이 되리라 생각한다.

어린 학생들이 가진 야생성과 다양성은 기존의 틀, 이미 정해 놓은 교육과정에서는 발현되기 어렵다. 학교에서 필요한 건 공부를 통한 '탐험'이지, 단순한 문제 풀이의 반복인 '조건반사 훈련'이 아니다.

탐험도 당연히 준비가 필요하다. 다만 탐험에서 발생하는 불가피한 예외 상황은 그 자체로 사람을 성장하게 만든다. 돌발 상황에 따라 인간은 다양한 반응을 드러내고 문제해결을 위해 역설적인 다양성을 요구한다. 교육 현장이 탐험으로만 이뤄져야 한다고 말하는 게 아니다. 탐험 또한 포함되어야 한다고 주장하는 것이다. 지금 우리 교육에는 탐험이 생략되어 있기 때문이다.

물론 현재 교육의 역량과 환경이 이를 감당할 수 있는가는 고민할 수밖에 없다. 사실 정말 힘든 문제이다. 근대 교육 이후 우리가 경험한 교육의 견고한 틀이 장벽이 되기 때문이다. 깨어있는 수많은 교사가 다양한 교육과정을 위해 머리를 싸매고 고민하지만 진정 출구가 있기는 한가 싶은 절망감에 휩싸이기도 한다(그런 교사들에게 위로를 보내며 대화를 나누고 싶은 동시에 나도 위로받고 싶다). 교사들에게는 도전과 포기가 반복된다.

여기서 한 번 더 도전하고 싶다. 수월성을 지향하는, 획일적인 교육의 견고한 틀은 고민을 통해 바로잡아야 하는 대상이다. 이것이 학생의 다양성을 위한 교육과정 구성을 반대하는 논리로 자리잡도록 내버려 둘 수는 없다. 학생을 인격의 대상으로 바라보며 고민하는 교육 참여자들이여, 조금만 더 힘내자! 당신의 고민, 학교 관리자나 동료에게도 배척당했던 그 고민이 교육을 위한 참된 고민이었다는 사실을 우리는 확신하고 있다.

우리가 학생의 다양성을 인정해야 하는 이유는 사회로 나갈 준비를 제대로 시키기 위한 것이다. 학생들이 언제까지 학교 울타리 안에서 보호받을 수 있겠는가? 그럴 수도 없고 그래서도 안 된다. 그렇다면 학교가 해줄 수 있는 것은 무엇인가? 바로 다양한 교육과정이다. 교육과정이 얼마나 중요한지는 말할 것도 없다. 이 내용은 PART 3과 PART 4에서 간략하게 다루고, 여기서는 '학생들을 위한 다양한 교육과정이 있다'라는 사실을 강조하고 싶다.

다양한 교육과정이 그 '자체'로 형성하는 교육의 가치가 분명히 있다. 교육과정은 중립적 내용만으로 채워지지 않으며 교육과정이 내포한 특정한 가치를 전달하기 때문이다. 교육과정이 획일적이지 않다는 것은 교육 당사자인 학생을 획일적으로 보지 않는다는 의미다. 그렇기에 다양한 학생을 인정하는 교육과정은 다양성의 가치를 인격적으로 받아들이고 반응하도록 할 수 있다.

나아가 다양성에 대한 인정은 다원화된 사회의 구성원으로서 학생들을 준비시키는 일이다. 학창 시절의 교육과정과 교사들의 시선이 학생의 '자기됨'을 인정하고 있다는 걸 경험한 학생이라면 이미 사회로 나갈 준비를 마친 셈이다.

이는 응당 학생 스스로 자기 자신을 돌아보게 한다. 다양성이 던지는 타자에 대한 이해는 그를 바라보는 주체, 자신에 대한 숙고를 포함하기 때문이다. 그렇게 자아정체성이 강화되면 이는 다시 타자에 대한 이해로 선순환될 수 있다.

학생들의 다양성을 인정하는 것은 'PART 1. 교사로 걷기'의 내용과도 직접적인 연관을 갖는다. 학생들의 인격적 다양성은 어느 특정 교과의 교사나 담임 교사가 전적으로 감당할 수 없다. PART 1에서 말한 바와 같이 교사가 '자신이 할 수 없는 일'이 있다는 걸 인정한다는 건, 학생의 다양성을 인정하는 사실과 쌍벽을 이룬다. 학생 한 명을 교육하는 일에는 수많은 어른, 교사가 함께해야 한다는 결론에 도달하기 때문이다.

한 명의 교사, 하나의 교육과정이 다양한 학생들을 감당할 수는 없다. 교육의 현장에서 할 수 없다는 것을 인정할 때, 그 특정 영역을 담당할 수 있는 교사와 협력하고 외부 전문가나 지역, 기관과 협력하는 것이 학생들의 다양성을 담는 교육의 출발이다.

미래 교육의 중요한 지점 중 하나가 교육의 다양한 네트워크이다. 한 명의 교사가, 하나의 교육기관이 사회의 여러 분야의 전문가들과 협력해야 한다는 취지이다. 네트워크는 전문가와 기관, 교육이 이뤄지는 현장을 포함하는 지역까지 아우른다.

이런 미래 교육 담론은 매우 올바른 방향이라 할 수 있다. 다만 미래 교육이 지향하는 바는 시간적 '미래'에만 국한되는 게 아니다. 이러한 미래 교육의 방향성은 자체의 관점을 넘어 교육의 본질에 속한다. 우리가 그동안 잊고 있었던 사람의 중요한 본질을 다시금 교육에 녹여내려는 노력이기 때문이다.

무지개의 일곱 가지 색을 '빨주노초파남보'라고 한다. 사물을 정확하고, 명확하게 구분하고자 하는 건 인간 본성인 듯싶다. 하지만 알다시피 무지개는 일곱 빛깔이 아니라 무한에 가까운 색의 스펙트럼을 가지고 있다. 수많은 파장에 따라 뿜어져 나오는 수없이 많은 빛깔. 빨강과 주황이라고 부르는 두 가지 색 사이에 셀 수 없는 색깔과 빛의 파장이 존재한다. 아무리 세밀하게 쪼갠들 모든 색의 스펙트럼을 일일이 규정할 수 없다.

나는 이런 면에서 한국어가 참 좋다. '불그스름하다'라는 표현은 붉은색이긴 한데 딱히 붉은 것도 아닌, 인식할 수 없는 중간 영역을 가리키는 말이다. 동일한 물리적 법칙을 따르는 빛이 이럴진대 도덕적 법칙을 제외한 모든 영역이 제각기인 사람의 다양성을 어찌 이와 비교할 수 있겠는가. 성장 과정에 있는 학생의 끝없는 다양성은 더욱 그러하다.

사물을 정확히 구분할 수 없다면 다름을 인정하도록 하자. 이러한 인정은 빠르면 빠를수록, 널리 퍼지면 퍼질수록 건강한 사회가 된다. 이것이 곧 학생들을 행복하게 할 것이기에. 그래서 '불그스름하다'라는 표현은 겸손에서 나온다. 우리가 알 수 없는 것을 인정하는 태도, 학생을 바라보는 우리의 시선도 그러하기를 간절히 바라는 마음이다.

PART 3

교사와 학생,
함께 걷기

B   선생님~ 저를 생각하면서 그런 고민을 하셨다는

게 신기하네요. 깨달으셨다고 한 건 더 놀랍고요. 그냥 호랑

이가 아니라 따뜻한 호랑이입니다. ㅎㅎㅎ

나   신기하고 놀랄 것까지 있나? 나도 따뜻함을 배워야

하는 사람이야.

B   왜 그런 거 있잖아요. 저와 함께 걸어가는 진짜 어

른 같은, 왠지 그런 느낌적인 느낌입니다요!

나   그렇게 생각해 주다니 감동인 걸?

- 졸업생 B 학생과의 문자 중에서

교육에 일방통행은
없습니다

나를 좋아한 아이들이 정말 고맙다. 아무리 이상주의자이라고 해도 모든 학생들의 사랑을 받고 싶었던 건 아니었다. 그리 다정하지 못한 나로서는 좋아해 준 아이들이 고마울 수밖에 없었다. 정직하게 표현하면 나는 '원칙주의자'다. 퍽퍽한 고구마처럼 더도 덜도 말고 딱 그것이다.

고지를 세우면 점령해야 하고 목표는 달성해야 했다. 성취를 방해하는 장애물은 제거해야 하는 나였다. 돌아보면 민망하기 그지없다. 학생들은 내 등만 보고 따라와야 하는 대상이었다. 그들은 무지하고 나는 알고 있으니 잘 아는 사람이 결정하면 너희들은 얼른 수긍하고 따라오면 된다는 생각이 지배했다.

학생과 나는 철저히 상하 관계였다. 악의는 없었다. 누군가를 지배하려는 성향이 있어서가 아니라 이게 교사로서 당위적인 모습이며 응당 가져야 할 책임이라고 여겼으니까.

그럴수록 학생 앞에 선 나는 빈틈이 없어야 했다. 교실에서는 일방통행만 있었다. 아이들이 부족함을 느끼는 부분이 있다면 내가 채워줘야 했다. 그렇지 못한 교사는 낙제점이라는 생각은 나를 스스로 슈퍼히어로로 내몰았다.

이렇게 작정한 이상 내가 짊어져야 하는 무게는 언제나 과적 상태였고, J를 만나기 전까지 이렇게 완고한 고집으로 꽉 막힌 사람이었다. 시종일관 첨탑 위에 올려놓은 굳은 표정의 동상 같은 교사였다.

J의 어머니는 첫 학부모 상담부터 눈물을 쏟으셨다. 나도 첫째가 태어난 지 얼마 되지 않았던 때여서 부모 된 심정을 함께 공감하며 느꼈다. J의 어머니는 다른 어떤 부모보다 걱정이 많았다. 그도 그럴 것이 J는 '주의력 결핍 과잉행동 장애' 상태에 있었다. 낙인과도 같은 진단명, 바로 ADHD였다.

J는 여느 아이들과 다르긴 했다. 어떤 날은 쉴 새 없이 무언가를 읊어 댔다. 담임이 교실에 있건 교무실에 있건 상관하지 않았다. 전날

읽었던 책 내용을 통째로 외워서 계속해서 중얼거렸다. 적어도 사흘 동안은 같은 내용을 반복해서 들어야 했고, 되도록 흥분조절이 어려운 아이의 말을 들으려 노력했다. 어떤 날은 쥐 죽은 듯 조용했다. 아이가 약을 먹고 온 날이었다. J가 힘없이 가라앉은 날은 더없이 감싸주고 싶은 마음이 들었다.

ADHD 관련 책을 펼쳐 들었다. J를 이해하고 싶었다. 신경다양성에 대한 책도 펼쳐 들었다. J와 함께 걸어가고 싶었다. 퇴근하고 집에서 아내와 식사를 할 때도 J의 이야기가 빠지지 않았다. 날이 갈수록 아이의 말투, 눈빛, 행동 하나하나가 사랑스럽게 느껴졌고, J 덕분에 울고 웃으며 그렇게 내 마음에 자리를 잡아갔다.

교사로서 J를 이끌어주고 채워준다는 착각을 하며 1년을 지냈다. 절반만 맞고 절반은 틀렸다는 사실을 깨달은 건 그때였다. J를 제대로 바라보기 위해 편견으로 가득했던 시선을 교정했으나 결국은 J 한 명에게만 한정되지 않았다. 점차 다른 아이들 또한 교정된 내 눈높이를 통해 가슴으로 전해졌다. 전에는 보이지 않았던 아이들의 면면을 들여다보노라면 마음이 따뜻해졌다. J를 향했던 시선이 다른 아이의 모습마저 비춰주었다.

교사가 채워주고 이끌었다는 말은 그래서 절반만 맞는 말이다. J 또한 나를 이끌고 채워주었다. 이건 미사여구가 아니라 나와 J가 함께 보낸 과정이며 실재이다. 정보와 경험의 양, 공인된 자격 측면에서 J의 교사는 당연히 나였다. 삶의 시간을 공유하는 인격적 대상으로 보자면 J는 나의 교사이기도 하다. 우리를 둘러싼 축복의 시공간 안에서 우리는 높낮이가 없는 관계로 만나게 되었다.

과연 J뿐이었을까? 나를 스쳐 갔던 수많은 학생이 교사로 다가왔다. 그들의 숫자만큼 그들이 보여준 모습만큼 나는 변했고 자랐다. 우리는 계속 서로를 알아가고 이해하며 가르칠 것이다.

그렇게 교사로 10년을 보냈을 무렵 12학년(고3) 학생이 쪽지 하나를 주었다. 모든 학생이 나의 교사였다는 말은 그 학생의 짧은 글귀에 응축되어 있었다.

"선생님, 저는 다정한 사람이 결국 위대하다고 생각해요. 선생님이 보여주는 다정함에 언제나 감동합니다."

교육의 자리에 일방통행은 없었다. 일방통행이 옳다는 잘못된 신념만 있을 뿐이다. 나의 편지글은 그 의미를 담으려 했다.

다시 만나는 날이 오면

학교에 복귀하기로 결심한 건 설렘인 동시에 한숨이었어. 만 2년 동안 떨어져 있던 너희 얼굴을 다시 본다는 기대감이 나를 설레게 했던 기억이 지금도 생생하다. 미지의 너희였지만 그래도 교사인 내게는 학생을 만나는 일이 큰 의미로 다가왔지. 다만 힘들어서 학교를 떠났던 사람이었기에 왠지 모를 깊은 한숨이 나오는 걸 막지 못했어.

설렘과 한숨. 다시 너희 앞에 서기를 결정한 후, 내 안에 공존하는 두 세계가 상충하기 시작했어. 너희를 만날 시간이 다가올수록 두 세계는 점차 충돌을 일으키더니, 복직 하루 전날까지도 과연 너희 앞에 다시 서는 일이 잘한 결정인지 고민했어.

생면부지의 너희와 내가 대면하는 첫 자리. 복도를 따라 교실로 옮기는 발걸음마저도 어색했지. 교실 문 앞에 멈춰서 심호흡 후에야 문을 열었어. 칠판에 내 이름을 쓰려고 하니 떨리더라. 처음 교사가 되었던 그 날처럼 어색하게 너희 얼굴을 마주하던 몇 초가 정말 길게 느껴졌어. 예전부터 학생 이름을 잘 외우지 못하는 교사였기에 나의 부족한 기억력을 설명하고 이해를 구했지.

먼저 과학 책을 펼쳐 들고 이번 학기 수업과 평가에 대한 설명을 시작했지. 참 신기하더라. 어색한 기분이 어디론가 사라지고 그 순간이 행복하게 느껴졌어. 너희는 교실 여기저기에서 손을 들고 질문했고, 그다지 재미없는 이야기에도 웃어주었어.

첫 수업은 약간 상기된 얼굴로 그렇게 순식간에 흘러갔지. 75분의 수업을 마친 후에야 목이 아프다는 걸 느꼈어. 2년 만의 일이었어. 괜스레 울컥하더군. 어찌나 목청을 높였던지 복도를 지나가던 교감 선생님이 이런 말씀을 하시더라. "김병재 선생님, 수업하시는 거 보니까 젊었을 적 내 모습이 떠올랐어요."

너희는 여느 중학생과 달리 순수하고 정중하고 예의 바른 태도를 보여줬어. 나의 말 한마디도 놓치지 않고 따라주었어. 그렇다고 주관 없이 무조건 순종한 것은 아니야. 쉴 새 없이 터져 나오는 너희의 의견을 취합할 때면 정신이 하나도 없었거든. 교실은 늘 활기찼어.

너희에게 맡긴 수업은 어떤 교사가 주도한 수업보다 훌륭했고, 너희가 계획한 실험들은 언제나 내 예상을 빗나가는 멋진 결과를 가져왔지. 에세이 평가가 있을 때면 너희가 보낸 피드백 요청 메일이 40개를 넘겼지만 그래도 즐거웠어. 톡톡 튀는 모습 자체로 너무나 사랑스러웠거든. 물론 40개의 피드백 이메일을 쓰려면 몹시 힘들긴 했지만 말이다.

담임도 아닌 내게 너희만의 귀여움이 잔뜩 묻어 있는 쪽지를 보내주었지. 선생님을 그렸다면서 건네주었던 그림을 보니 순정만화 주인 공처럼 그려놨더구나. 너희가 나를 그렇게 아름답게 표현해 주리라고 는 생각지도 못했어.

가끔 복도에서 마주치면 머리가 땅에 닿을 듯 90도로 숙여서 인사 하던 너희를 다른 사람이 봤다면 내가 뭐라도 되는 줄 착각할 정도였 으니까. 교사 수업 피드백에 빼곡하게 적혀 있던 너희의 진심 어린 의 견 덕분에 나의 자존감은 하늘을 찌르고도 남았지.

아이 특유의 천진한 모습을 간직한 너희가 참 예뻤어. 학생의 모습 은 학생 시절에만 가질 수 있잖아. 요즘 거리에 나가 보면 머리도 옷 도 학생다운 모습을 찾기 힘들더라. 영상도 영화도 음악도 어른과 아 이의 구분이 없잖아. 난 그게 너무 아쉬워. 학생이 학생일 때만 누릴 수 있는 게 분명 있는데 말이지.

그런데 내가 만난 너희는 정말 학생다웠어. 나는 따라가지도 못할 너희만의 상상의 나래가 언제나 수업을 다채롭게 채워주곤 했지. 너 희는 너희만의 것으로, 나는 나의 것으로 서로에게 다가가고 소통했 던 것 같아.

벌써 1년이 흘렀다는 게 믿어지지 않을 만큼 헤어져야 할 시간이 다가오고 있구나. 돌아보니 너희는 배려의 선물 자체였어. 불안에 휩 싸여서 힘들어하던 나에게 일방적으로 주어진 선물 말이야. 그리고 보니 너희로 인해 머리를 감싸 쥘 만큼 한숨 쉬며 고민했던 적이 한 번도 없더라. 교사가 학생 일로 골머리를 앓지 않았다는 건 교직에 몸담은 수십 년간 상상조차 하지 못했던 일이야.

신을 믿는 사람이기에 너희를 내게 보내주신 건 그분의 배려였다고 생각해. 다시 교사로 설 수 있도록, 다시 기쁨의 자리로 돌아갈 수 있도록 해주신 배려의 선물이었어. 너희는 늘 내게서 많은 걸 배웠다고, 감사하다고 말하지. 사실 나름대로 열심히 준비했던 건 인정할게. 이제는 너희가 인정할 차례야. 너희의 존재는 신의 배려였고 선물이었다는 걸.

언제 다시 너희를 볼 수 있을까. 다시 만나게 되는 날이 오면 지금보다 훨씬 더 기쁘고 반가워서 너희를 꼭 안아주고 싶을 것 같아. 행복과 건강을 빈다.

삶을 나누는 공동체가 있을 때

졸업 후 여러 경로를 통해 너희 소식을 접할 때면 그렇게 반가울수가 없단다. 특히 전화기 너머로 직접 목소리를 들을 때가 가장 좋지. 졸업이라는 통과의례는 너희나 나에게 큰 의미로 다가왔던 것 같아. 졸업식 날이면 왠지 모를 감격에 겨워 울컥하는 기분이 들어. 그날의 너희 표정, 목소리, 손에 들린 꽃다발, 함께 찍었던 단체 사진, 졸업앨범까지 모두 생생하게 기억나. 졸업식을 마치면 부모님들께 으레 듣는 말이 있지.

"잘 키워주서서 고맙습니다. 선생님!"

부모님의 심정에 깊이 공감을 하곤 해. 나도 내 아이의 선생님들께 같은 말을 할 때가 있지. 그래서 부모님으로부터 감사의 인사를 들을 때마다 이렇게 대답하곤 해.

"아이들 덕분에 저도 잘 컸습니다."

부모님들은 농담인 양 웃어넘기실지 몰라도 나는 진지하게 드린 말씀이었어. 너희 덕분에 성장한 것은 사실이니까. 우리가 서로 만나기 전과 후는 절대로 같을 수가 없어. 너희와 함께하는 시간 내내 나를 돌아보게 되었고, 졸업 후에도 너희의 달라진 모습을 보면서 나를 되돌아보게 하니까. 어쩌면 졸업 후에 너희와의 만남이 더 큰 의미로 다가오기도 해.

매년 3월에 시작해서 다음 해 2월이면 한 해를 마무리하는 교사에게 졸업은 '큰일을 치렀고 마침내 잘 끝냈다'라는 의미가 컸단다. 그런데 너희를 만나고 나서 두부처럼 딱 잘라서 말할 수 있는 게 아니라는 걸 알게 되었어. 그렇게 미련했던 내가 너희 앞에 교사라고 섰다니. 이제는 좀 많이 달라진 것 같지 않니?

사람과 사람의 만남인 교육은 물리적인 시간과 공간으로 제한하고 규정할 수 없는 일이더라. 너희는 나의 학생으로 생활하면서 많은 영향을 받았다고 생각하겠지? 긍정적이든 부정적이든 (부디 긍정적이길 바라) 나의 행동과 말, 태도가 너희에게 스며들었겠지. 그런데 그건 너희도 마찬가지란다.

너희가 들려준 말 한마디가 학생에 대한 나의 태도를 바꾸게 했으니까. 너희와 함께했던 동아리 덕분에 나의 독서 편식을 고쳤단다. 너희가 건넨 작은 쪽지가 교사로 살아갈 수 있는 의지의 한 축이 되더라. 졸업한 후에도 너희는 끊임없이 나를 성장시키는 동력이 되었어. 신기한 건, 너희에게 받은 영향 중에서 부정적인 부분은 찾을 수 없다는 거야. 참 고마운 일이야.

너희의 흔적은 평생 교사인 나의 뇌리에 새겨졌단다. 너희에게서 나의 흔적을 찾아볼 수 있는 것처럼 말이지. 그래서 교육은 일방적일 수가 없어. 아무리 일방향교육의 효율을 주장한들, 그 자체가 불가능한 일이야. 교사와 학생의 역할 차이가 있을 뿐, 우리는 서로에게 선생이면서 학생인 그런 존재야.

너희와 함께 성장했던 그때의 기억이 지금도 기쁨이 되는 이유는

우리가 공동체라는 사실 때문일 거야. 서로의 마음과 생각 밑바닥에서 유유히 흐르는 동일한 가치를 공유한 우리의 문화가 있었으니까. 그 문화를 공유하던 너희의 다양한 모습 속에서 서로 연대하면서 보냈던 행복한 시간의 축적이 바로 우리의 공동체 의식을 형성하는 밑바탕이 되었지.

요즘은 공동체를 찾기가 쉽지 않아졌어. 누군가 자신의 삶에 개입하는 것을 원하지 않으니까. 자기 길은 자기가 결정하는 게 진정한 자아 성취라고 강요하는 시대니까. 오직 그것만이 자유롭다고 착각하지.

너희와 함께한 시간을 돌이켜볼 때마다 확신하곤 해. 삶을 나누는 공동체가 있을 때, 그 공동체의 일원이 될 때 사람은 그 속에서 성장하게 된다는 사실 말이야. 타자의 간섭이 때론 싫을 수 있어. 하지만 공동체 속의 간섭은 개개인이 올바르게 설 수 있는 발판이 되지.

내가 혹시 너희를 너무 심하게 간섭했나? 사실 난 너희의 간섭이 행복했어. 이렇게 뜬금없는 고백을 해버리면 부담스러울까? 그래도 어쩌겠어. 너희 덕분에 행복했던 게 사실인걸. 생각만으로도 갑자기 미소를 짓게 되는구나. 우리 함께 웃자.

· LETTER 17 ·

이 세상에 네가 없다는 소식

너는 첫인상이 유독 귀여웠어. 초등학교 4학년이라 그런가, 깡마른 체구에 귀청에 와서 꽂히는 가느다란 목소리가 남달랐지. 뺨 전체에 옅게 퍼져 있는 주근깨가 '난 말썽 좀 부려요'라고 말하는 듯했고. 같은 반 또래와 비교해 봐도 꽤 작은 키였지만 너의 존재는 전혀 작지 않았어. 하긴 당시 우리 반 아이들 모두 제각기 남다른 존재감을 뿜어대는 아이들이었으니까.

왜 그랬을까? 나같이 딱딱하고 재미없는 교사한테도 네 관심과 사랑을 허락해 주었어. 어쩜 그렇게 한결같이 나에게 미소를 보여줬을까. 지금도 뚜렷하게 떠오른단다. 작은 눈은 아닌데도 웃을 때면 초승달 같은 눈웃음을 가졌던 아이, 때론 허스키하게 느껴지는 목소리로 경쾌하게 웃었지. 이 글을 쓰는 지금도 너를 생각하면 저절로 환한 미소가 지어져. 내 머릿속을 가득 채울 만큼 수많은 기억이 생생하게 떠오르는구나.

고구마를 캐러 갔던 날, 넌 뭘 하든 참 적극적이었어. "선생님, 선생님!"을 카랑카랑하게 외치며 그 얇은 다리에 큰 장화를 신고 잘도 뛰어다녔지. 고구마 수확 시기를 지나쳐서 땅속에 있던 고구마를 캐낼 때마다 엄청난 크기에 깜짝 놀랄 정도였어. 쉴 새 없이 재잘거리며 적극적으로 활동에 참여하던 너는 굵은 고구마가 워낙 땅 깊이 박혀 있어서인지 하나도 캐지 못하고 있더구나. 고구마를 캐내려고 안간힘을 다할 때마다 네 손목이 부러지지 않을까 사실 걱정했단다.

고구마 캐기는 신통치 않았어도 넌 여전히 밝은 표정이었지. 너는 경력도 없던 초보 교사인 나에게 특별히 선사해 주신 선물이었는지도 몰라. 덕분에 교사로서 자신감을 가질 수 있었단다. 정말 감사해야 할 일이지. 그날 우리는 장난스럽게 고구마도 던져주고 맛탕도 만들어 먹었지. 딱히 요리 실력이 필요한 것은 아니었지만, 우리가 직접 캔 고구마라 그런지 정말 맛있었어.

네게 온 전화를 받고 일주일이 채 지나지 않았을 거야. 이 세상에 네가 없다는 소식에 나는 울면서 네게로 향했어. 운전대를 붙잡고 목이 쉬도록 꺼이꺼이 울었던 것 같아. 누군가 거칠게 쥐어짠 것처럼 가슴이 찢어질 듯 아팠어. 울다 보니 눈앞이 깜깜해졌지. 짜디짠 눈물이 입속으로 흘러 들어갔어. 현실인데 현실감이 들지 않았어.

"선생님, 우리 웃음이 하나님 나라로 갔어요."

어머니의 목소리가 환상처럼 느껴지더라. 차를 몰고 가는 동안 나도 모르게 반복해서 내뱉은 말은 "미안하다, 웃음아!"였어. 일주일 전에 전화를 걸어온 너는 내게 말했지. 몸이 아프다면서도 참 밝고 씩씩했어. "선생님~ 보고 싶어요!" 그 말을 대수롭지 않은 일이라 여겼던 건 아니야. 꼭 만나러 가겠다고 한 약속도 진심이었어.

언제나 그래왔듯이 마음만 먹으면 다시 볼 수 있다고 생각했으니까. 평범한 일상이란 그래서 참 무서운 것 같아. 네가 그 자리에 계속 있을 거라고 믿었어. 무균실에 들어간 적도 있었다지만, 이렇게 빨리 떠날 줄 몰랐어. 상상조차 못했던 일이야.

장례식장에서 네 어머니를 붙잡고 통곡했어. 똑같은 말만 되풀이했던 거 같아. 네가 보고 싶다고 했는데 찾아오지 못했다고, 더 빨리 와 보지 못해서 죄송하다고 사죄를 드렸지. 어머님은 네가 나를 많이 좋아했다면서 행복한 시간을 주서서 고맙다고 말씀하셨어.

웃음아. 이제 누군가 보고 싶다고 하면 빨리 만나러 간단다. 바로 시간 약속을 잡고 약속대로 꼭 만나려고 노력해. 학생을 만나러 갈 때면 너를 떠올려. 내 핸드폰에는 아직도 네 사진이 있어. 현장학습 가던 날, 지하철역 앞에서 환하게 웃는 너의 모습 말이야.

나중에 다시 만나는 날에는 어깨를 꼭 감싸주고 싶구나. 그리고 말해 주고 싶다. 네 덕분에 교사다운 삶을 살게 되었다고, 네 덕분에 더 많은 학생을 만나게 되었다고, 그래서 모두 행복해졌다고 말이야. 고마워, 영원한 나의 제자 웃음이! 네 덕분이야.

너희가 내게 기적을 일으킨 거야

네 명이 나를 찾아왔을 때, 사실 좀 놀랐어. 왜 시키지도 않은 걸 하겠다고 찾아왔을까 싶었지. 그런데 왠지 대견스럽더라. 무엇이건 시켜야만 따르는 청소년에 대한 어른들의 우려가 만연한 시대에 너희처럼 스스로 무언가를 하려는 아이들이 있다니, 내가 복이 많은 거겠지. 물론 너희와 어떤 시간을 보내야 할지 고민하는 건 내 몫이었지만 너희가 마냥 신기하기만 했어.

독서 동아리를 만들고 싶다고 했지. 책을 읽고 싶다는 너희가 정말 기특하더라. 독서를 좋아하는 나를 알아본 것도 놀라웠고. 역시 학생만큼 교사를 잘 아는 사람은 없나 봐. 그런 너희에게 어떤 도움을 줄까? 이 책은 어떨까? 저 책은 어떨까? 이런 질문을 던져볼까? 과제도 내줄까? 숱한 고민 속에서 이런저런 활동을 고민하기 시작했지. 교사니까 동아리를 통해 반드시 무언가를 주어야만 한다는 강압감이 작동했던 거야.

첫 모임 날, 각자 읽고 싶은 책을 가지고 오라고 했지. 너희가 꺼낸 책들을 보는 순간, 내색은 못했지만 사실 당황했어. 죄다 소설이라니, 나라면 1년에 한 번 들춰보기도 힘든 소설 말이야. 평소 철학, 과학, 교육학, 신학 같은 비문학 분야에만 관심 있던 나로서는 예상 밖의 책들이었지. 일단 책을 읽을 사람은 너희니까 나는 슬쩍 물러서 지켜보면 될 줄 알았는데 회심의 일격이 날아왔어.

"선생님이 소설을 읽으시면, 저희도 비문학을 읽을게요."

충격적인 제안이었어. 나보고 소설을 읽으라고? 실제로 벌어지지 않은 허구의 이야기를? 당황스러웠지만 너희의 기대에 부응해야만 했기에 아무렇지도 않은 척, 반가운 척 너스레를 떨었지. 속으로는 소설책을 뒤적이느라 흘려버릴 금쪽 같은 시간을 아까워하면서.

학생과 교사가 서로 장르를 바꿔서 책을 읽기로 한 뒤로 나는 떨리는 마음으로 소설을 펼쳤어. 김훈 작가의 『남한산성』이었지. 너희는 내가 고른 책을 보더니 그럴 줄 알았다면서 과연 선생님다운 선택이라고 말했어. 그래, 소설의 입문자로서 아직은 허구의 이야기에 눈 돌릴 자신이 없었으니까. 소설책을 펼치는 순간 왠지 모를 자부심을 느꼈단다. 맙소사! 너희가 펼쳐놓은 덫에 걸린 거야.

그 순간에 너희에게 한 가지를 배웠어. 배움을 통해 학생들이 자부심을 느낄 수 있도록 하는 교사가 되어야겠다고 다짐했거든. 학생을 배움으로 이끄는 일, 교육을 통해 기쁨을 느끼게 하고 지식에 자부심을 더하는 일, 사실 정말 어려운 일이거든. 그런데 너희가 내게 그런 기적을 일으킨 거야. 대체 어떻게 가능해진 걸까? 아직도 생각을 거듭하는 중이야.

두 번째 책부터 소설의 재미를 어렴풋이 알아갔어. 너희가 재미있다면서 추천해준 책이었거든. 재미의 추구가 독서 모임의 목적이 되어서는 안 되겠지만, 함께하기로 약속했기에 말없이 책을 받아들었지. 미하엘 엔데의 『모모』였어. 첫 장을 펼치기 전에는 '아, 동화책이나 읽을 시간이 어디 있다고 말이야'라는 반감이 들었단다. 머릿속이 아득해지면서 '난 누구? 여긴 어디?'라는 유행어가 떠오를 만큼 난감했지. 하지만 페이지를 넘길수록 특히 '회색 신사'가 등장한 이후로 나는 점점 이야기 속에 빠져들었어.

허구의 회색 신사가 현실의 나를 돌아보게 한 거야. 적어도 회색 신사가 되지는 말아야겠다고 다짐했지. 그 후로도 가슴을 졸이며 모모의 발자취를 따라다녔지. 문득 그런 나의 모습을 인지하고는 피식 웃음이 나오더구나. 역시 너희가 나의 교사였어.

너희는 내 삶에서 닫혀 있는 창문을 열어주었던 거야. 더구나 나 스스로 열고자 하는 의지가 우러나오도록 이끌어주었지. 새로운 세상이 거기에 있더라. 비문학에서 맛볼 수 없었던 느낌과 감정, 사유가 버무려진 소설이라는 세계는 내 생각의 가지가 마음껏 뻗어 나갈 수 있게 해주었지. 너희 덕분에 귀한 경험을 선물로 받은 셈이야. 이것은 교사로서 늘 고민하는 주제이기도 해. 학생을 어떻게 이끌어야 할까. 어떻게 하면 다채로운 생각의 바다로 이끌어서 자유롭게 헤엄치게 할까.

이러한 고민에 치여서 교사로서 무엇을 주어야 할까 생각만 했지 너희에게 받을 수도 있다는 것은 생각하지 못했어. 심지어 이처럼 값진 경험이라니! 다른 누구도 아닌, 너희로 인해 깨닫게 되니 더욱 기쁜 것 같아. 덕분에 지금도 학생을 만나면 내가 배울 점이 무엇인지 곰곰이 살펴보곤 해. 언제나 나의 예상을 뛰어넘는 너희를 발견하지. 교사인 나를 이끌어주어서 정말 고맙다.

교사 성장을 위한 학생 설문지?

졸업한 너희를 다시 만나게 될 때면 행복으로 가슴이 두근거려. 지금은 어떤 생각을 하고 살아갈까, 어떤 멋진 모습으로 변했을까 하는 기대가 하루를 버틸 힘을 주는 것 같아. 함께 앉아서 두런두런 이야기를 나누는 시간은 왜 그리 쏜살같이 흘러가는지 모르겠어.

너와 만나던 날, 마치 매일 교실에서 만났던 사람들처럼 깊고 그윽한 대화가 이어졌지. 가슴을 열고 솔직한 이야기들을 건네는 네가 참 고마웠어. 솔직함과 깊이는 네가 나를 신뢰한다는 증거일 테니 말이야. 성인이 되어 다시 만난 너와 내가 서로 이야기를 나눌 수 있다는 것은 어른으로서 함께 살아가는 멋진 장면이 아니겠니.

대화가 끝날 무렵, 너는 문득 고등학생 시절의 이야기를 들려주었지. 무슨 생각을 했는지 어떤 일이 있었는지 진솔하게 털어놓더구나. 나에게 혼난 일까지도 이젠 웃으며 말할 수 있다니. 세월이 고맙게 느껴졌어. 그때는 어리다고만 여겼는데 너를 혼낼 수밖에 없었던 내 심정을 헤아려주니, 어찌 고맙지 않을 수가 있겠니.

우리는 자연스럽게 그 시절로 돌아가 이런저런 이야기를 이어갔지. 그때 너로부터 다른 교사에 관한 이야기를 전해 들을 수 있었는데

사실 듣는 내내 얼굴이 달아오르더구나. 어찌나 예리하고 정확하게 상황을 파악하고 있던지 속으로 깜짝 놀랐어. 그날 네가 한 말은 교사로 사는 동안 영원히 가슴속에 각인되어 있을 것 같아.

"믿을 수 없는 선생님도 있었어요."

이 말을 듣는 순간 나도 모르게 깊은 한숨을 내뱉었지. 뭐라 말해야 할지 몰라서 당황한 나는 순간 입술이 얼어붙은 줄 알았어. 어떤 사람들은 학생이 무엇을 알겠냐고, 생각이 짧으니 어쩔 수 없다고 말하지만, 그렇지 않아. 학생이니까 더 잘 알 수밖에 없거든. 어떤 교사가 자신을 진정 사랑하는지. 학생을 위한다고 말하지만, 사랑을 빙자한 집착인지, 교사 자신을 위한 합리화인지 본능적으로 알 수 있어. 교사에게 필요한 모습이 어떤 것인지까지도.

그 시절을 돌아보면 나 역시 풋내나는 교사였던 것 같아. 반성의 의미였는지 그 선생님을 대신해서 사과의 말을 늘어놓았지. "내가 교사로서 대표할 수 있다면, 그 선생님 대신 사과를 전하고 싶구나. 믿을 수 없는 어른과 함께하느라 마음고생이 많았다. 정말 미안하다."라고 말이야.

혹시 네가 이 글을 본다면 다시 한번 사과하고 싶어. 누군가는 학생 시절에는 그럴 수도 있다고, 지나간 일이니 괜찮다고 하겠지만 너는 오히려 학생이었기에 더욱 상처를 받았을 거라는 생각이 들어.

언젠가부터 학교는 어른의 손에 의해서 좌지우지되고 말았지. 학교는 사실 교사와 학생, 학부모가 만들어 가는 공간이잖아. 모두가 공동으로 만들어 가는 곳임에도 현실은 그렇지 않지. 학생을 교육의 주체로 보기보다 어미 새가 물어다 주는 모이를 받아먹기만 하는 아기 새처럼 다뤄지고 있어. 어른이 준비한 것을 기계적으로 받아들이는 대상으로 말이야.

물론 교육이 이루어지고 있는 교실의 상황이 어떤지에 따라서 방법론적으로 그러할 때도 있어. 문자 그대로 '그럴 때'가 있는 거지, 그것이 시류가 되어서는 안 돼. 교사는 학생에게 자신이 원하는 상을 요구할 때가 많아. 이건 일종의 수월성 교육이라고 봐. 자신이 원하는 학생을 편하게 가르치려는 교사의 잘못된 욕망이지.

교육은 미래를 바라보고 천천히 걸어가야 하는 거야. 아직 기초공사가 진행 중인 시공간에서 미래의 설계도를 들이밀며 '너는 왜 아직도 바닥만 다지고 있냐'고 다그치는 건 정말 바보 같은 짓이잖아. 더욱 미련한 건 각기 다른 모습으로 성장할 학생에게 단 하나의 설계도를 요구한다는 거야. 그날 네가 들려주었던, 교사가 갖추어야 할 인격과 태도에 관한 이야기를 그 교사가 직접 들었다면 얼마나 좋을까. 학생이 교사를 통해 성장하고 자라는 것처럼 교사도 학생의 요구를 통해 변화하고 발전하는 건 아직은 꿈 같은 일이려나. 나중에 〈교사 성장을 위한 학생 설문지〉를 한번 만들어봐야겠어.

그럼에도 이렇게 멋지게 자라서 나를 찾아와준 네게 참 고마웠어. 자주 연락하진 못하지만, 문자를 나눌 때마다 너의 성숙한 생각들을 엿볼 수 있어서 마음이 벅차오른단다. 누구나 똑같이 주어진 삶의 시간이 너를 더욱 멋지게 변화시켜주리라는 기대를 하게 돼. 네가 주었던 변함없는 신뢰의 무게만큼 앞으로 내가 만날 학생들에게 더욱 믿고 의지할 수 있는 교사가 되도록 노력할게. 또 만나자. 지금보다 더 기쁘고 반갑게 말이야.

· LETTER 20 ·

그만큼 자신을 깊이 알아야 하니까

첼로를 연주하는 아이. 담임을 맡기 전까지 너에 관해 아는 전부였어. 막상 담임이 되고 보니 너의 실체가 한 가닥씩 보이기 시작하더라. 그렇게 성실한 아이인 줄 몰랐어. 네가 불성실했다는 뜻은 아니야. 너에 대한 무지의 벽이 허물어진 것뿐. 그렇게 뚝심 있는 아이인 줄도 몰랐고, 그렇게 밥을 많이 먹는 줄도 몰랐지. 난 너를 사랑하기로 마음먹었고 너는 학창시절의 마지막을 나와 보내게 되었지.

문제는 첼로 연주에 관해 내가 전혀 모른다는 사실이었지. 첼로 연주자를 장래 희망으로 선택한 네게 그 분야의 문외한인 내가 무엇을 해줄 수 있을까. 첼로에 관한 문제라면 어떤 것도 대답해 줄 수가 없었어. 이게 내겐 또 다른 배움이었지.

교사로서 무엇을 할 수 있는지 아는 깃도 중요하지만, 교사로서 할 수 없는 한계를 깨닫는다는 일도 중요하더라. 이런 면에 있어 너는 나의 선생이야. 귀한 사실을 깨닫게 해준 또 한 명의 교사인 네가 어찌 고맙지 않을 수 있겠니.

하긴 나도 그렇지만 교사들은 때론 미련해 보일 때가 있어. 할 수 없는 걸 할 수 있다고 생각할 때가 많거든. 이렇게 불가능한 걸 가능하다고 우기는 때가 바로 학생에 대한 사랑이 집착으로 바뀌는 순간이지. 누구도 너를 이끌 수 없다는 듯, 마치 담임이고 교사인 나만이 너의 필요를 채워줄 수 있다는 착각, 생각해 보면 무모하고 무서운 일이야. 이게 꼭 교사만의 문제일까.

살아가다 벽에 부딪혔을 때 어떻게 하면 좋을까? 나는 포기해야 한다고 생각해. 이 말은 포기를 두려워해서는 안 된다는 뜻이야. 물론 '포기'하기 전에 두 가지를 고려해 볼 필요가 있어. 하나는 할 수 없는 것을 깨달은 후에 포기하는 것, 또 하나는 깨닫기 전에 배제하는 것.

네게 바라는 건 '깨닫고 포기'하는 쪽이야. 왜냐하면, 자신이 무엇을 할 수 있고 무엇을 할 수 없는지를 깨닫기란 정말 어려운 일이기 때문이지. 그만큼 자신을 깊이 알아야 하니까. 어떤 이가 말하더라. 버릴 것이 무엇인지, 없는 것이 무엇인지 깨닫는 순간이 가장 아름답다고. 어렴풋이나마 고개를 끄덕이게 되는 것 같아.

학생 시절에 노력을 기울여야 하는 부분이 바로 이것이야. 나 자신을 알아가는 일. 화가 고갱이 그린 작품 중에 〈우리는 어디에서 와서 어디로 가는가(Where do we come from, What are we, Where are we going)〉라는 그림이 있어. 우리에게 생각할 거리를 던져주는 위대한 작품이란 생각이 들어. 너도 꼭 한번 찾아보길 바라.

혹시 내가 어떤 도움을 주었는지 기억나니? 고민을 해보니 은근히 할 수 있는 게 많더라. 우선 네가 첼로 연습에 몰입할 수 있도록 시간표를 비워 두었지. 학교에 있는 동안 마음껏 첼로 연주를 할 수 있는 장소를 정해서 시간이 날 때마다 네가 연습할 수 있도록 했어. 그리고 가끔 들여다보면서 너와 이런저런 이야기를 나누려고 노력했던 것 같아. 그게 할 수 있는 전부였어.

할 수 없는 것이 무엇인지 깨닫고 나니 비로소 할 수 있는 일이 보이더라. 올바른 포기는 또 다른 과제를 안겨주었지. 삶은 생각보다 괜찮은 선택의 연속이기도 해. 더욱 멋진 일은 내가 하지 못하는 것을 누군가 해주는 사람이 생긴다는 사실이지. 음악과 첼로의 영역에서 너를 이끌어줄 선생님이 계셨다는 사실이 참 좋더라.

　　요즘도 너의 첼로 연주를 들을 때면 알 수 없는 감동이 밀려와. 저렇게 아름다운 선율의 아주 작은 부분이라도 나의 노력이 더해진 것 같아서 말이지. 지나친 착각일까? 내 귀에는 너의 첼로 소리가 그 어떤 거장의 연주보다 아름다워. 공기를 타고 전해지는 현의 떨림이 내 온몸을 통과해서 찰나에서 찰나로 이동하면서 전율을 전해 준단다. 이러한 진동의 섬세함만큼 네가 더욱 아름답고 지혜로워지길 바란다. 나 또한 그러하기를.

어찌 학생만 배우고
성장하겠는가?

수십 년의 교사 생활을 돌아볼 때, 기억에 남는 몇몇 장면이 있다. 그중 하나는 독서 모임을 하자고 자진해서 찾아온 학생들에 대한 기억이다. 당시 한 무리의 중등 여학생이 교무실로 찾아왔다. 내가 책을 좋아하는 사람이라는 걸 알고 찾아왔을 터였다. 알고 보니 이 아이들도 꽤 책을 좋아하는 학생들이었다.

독서를 좋아하고, 심지어 제 발로 찾아와 모임을 하자는데 기쁘지 않을 교사가 어디 있겠는가. 나는 학생들과 함께 책을 읽기 시작했다. 이것이 학생과 교사 사이의 관계를 다시 생각하게 만든 소중한 모임으로 이어질 줄은 꿈에도 모르는 채.

열정 넘치는 교사들의 특징 중 하나는 학생에 대한 커다란 책임감이다. 학생을 사랑하고 보살피려는 이들의 열정은 학생은 물론, 옆에서 바라보는 동료 교사에게까지 깊은 인상을 남긴다. 그래서 자신이 가진 지식과 사랑을 아낌없이 쏟아붓는 교사들을 바라보고 있노라면 아름다운 전투 중이라는 생각마저 든다.

교사가 강한 정체성을 소유한다는 건 반가운 일이다. 자신감 넘치는 교사와 그렇지 못한 교사들을 알아보는 학생의 눈은 정확하기 때문이다. 학생들은 교사의 능력 이상으로 그가 가진 지식에 대한 자신감에 깊은 신뢰를 보낸다.

문제는 교사가 '자신'이나 '자신의 방법'이 아닌 다른 것이 학생들에게 영향을 끼치는 걸 꺼리거나 종종 반대하는 경우가 생긴다. 교사의 겉으로 드러나는 자신감을 떠받치는 것이 자신에 대한 강한 신뢰이기에 신념과 충돌하는 것을 미리 방지하고자 방어적인 태도를 보일 때도 많다.

이런 태도는 담임하고 있는 학생들이나 자신의 교과에서 만난 학생들에게 온전히 교사만의 방법을 강조하는 모습으로 드러난다. 1장과 2장에서 이야기했던 바와 같이 교사 간의 협력이라든지 학생들의 다양성을 인정하는 부분에서 문제가 있을 수 있다. 여기서 말하고 싶은 부분은 가르치는 주체로서 자신에 대한 신뢰가 너무 강한 나머지 교사를 지식의 전달자로만 한정해서 인식하는 모습이다.

물론 나도 예외는 아니었다. 학생이라는 흰 종이 위에 무엇이든 그릴 수 있는 권한이 교사에게 있는 양 지식 전달에 관한 모든 전권이 자신에게 있다는 사명감에 사로잡힌다. 모든 결정은 교사로부터 이뤄지고 학생들은 따라오기만 하면 된다는 생각 말이다.

다시 생각해 보자. 만약 이것이 학교 관리자와 교사 간에 이뤄진다면 어느 누가 정당하다고 할 수 있을까? 이런 모습이 일반 직장이나 일터에서 벌어진다면 과연 아무런 저항 없이 받아들일 수 있을까? 사람들은 분명 그런 관점과 태도에 대해 심각한 반감을 드러내기도 할 것이다.

"이 논리는 수평의 동료 사이에서나 해당하는 말 아닌가?" 이렇게 되묻는 사람이 있을 수 있다. 맞는 말이다. 학생은 동료가 아니다. 영화 대사처럼 '너는 학생이고 나는 선생님'일 뿐이다. 생각을 확장해 보자. 학교나 교육의 현장 역시 공동체이다. 언제부터인가 우리는 '학교 공동체'라는 말을 사용해 왔다. 딱딱한 업무와 사무적인 관계로 이뤄진 조직이 아니라 공동체 말이다. 그렇다면 학생 역시 학교 공동체를 이루고 있는 구성원에 당연히 포함된다. 인격과 인격이 만난 자리에서 서로 돕고 성장하는 공동체가 그것이다.

다행히 우리 사회는 얼마 전부터 학생을 공동체 구성원으로서 존중하는 관점이 생겨났고, 그런 관점이 교육의 변화를 이끌고 있다. 작게는 학급의 규칙을 정할 때 그 주도권을 학생에게 부여하는 모습으로 드러난다. 고교학점제 또한 그러한 적용점이 있을 수 있다. 학생스스로 수업을 선택할 수 있고, 학생이 원해서 개설되는 수업도 있다.

더 나아가 학생 스스로 디자인한 교과 내용과 배움을 수업으로 인정하기도 한다. 학생을 바라보는 이런 관점은 고교학점제라는 교육과정 변화의 흐름뿐 아니라 교육 공동체를 이뤄 나가는 데 매우 고무적인 부분이다.

여기서 중요한 것은 교사의 관점이다. 다시 처음의 이야기로 돌아가 보면 나를 찾아왔던 학생들과 시작한 독서 모임은 내게 기쁨이었다. 다만 학생들과 모여서 읽을 책을 선정하는 자리에서 속으로 깜짝 놀랐다. 학생들이 고른 책들은 모두 문학이었다. 그때 처음 깨달았다. 지금껏 내가 문학을 멀리 해왔다는 사실을 새삼 발견한 것이다. 지금껏 읽어 온 책들은 철학, 과학, 사회학, 교육학, 신학 등이었기에 문학은 낯선 세상이었다.

그렇다고 독서 모임을 하겠다며 제 발로 찾아온 학생들을 돌려보낼 순 없는 노릇 아닌가. 나는 '울며 겨자 먹기'처럼 그들과 함께 소설을 읽게 되었다. 처음에는 '세상에 진짜 있지도 않았던 이야기를 왜 시간을 투자하며 읽는 거지?'라는 생각이 지배했기에 이러한 반감을 감춘 채 오직 모임을 이어가기 위해 소설을 읽기 시작했다.

그 이후의 이야기는 여러분이 상상하는 그대로다. 나는 변했다. 문학에서 다루는 인간, 그 속에 담긴 깊이와 시공을 관통하는 이야기가 얼마나 강한 힘을 가졌는지 깨닫게 되었다. 이보다 더 큰 충격은 학생들을 통해 배우게 되었다는 고백을 하게 된 일이었다. 소설의 세계로 나를 이끌어준 학생들은 나의 문학 교사였다. 학생들과의 생각 나눔을 통해서도 여러 가지 생각을 하게 되었다.

'같은 이야기를 읽고 어찌 저리 다른 생각을 했을까?'

'이 이야기에서 저렇게 깊은 고민을 끌어올렸다고?'

학생들 덕분에 그동안 문학에 관해 오해하고 있었다는 사실을 알게 되었다. 문학이 주는 강력한 힘과 깊은 사유가 무엇인지 늦게나마 깨닫게 된 것은 행운이었다. 함께 읽고 나누는 학생이 없었다면 불가능했을 일이다.

그 학생들은 많이 성장했다. 대학교를 졸업하고 사회인이 되었어도 지금까지 만남을 이어가고 있다. 독서 모임을 통해 유지되는 우리의 관계는 이제 누가 누구를 가르치는 사이가 아닌데도 학생들은 지금도 늘 고맙다고 말한다. 책 읽는 모임을 통해서 우리는 더불어 성장하는 과정에 있다.

또 하나의 귀한 경험이 있었다. 나의 부족함을 처절히 느끼고 대학원에 진학했을 때의 일이다. 정확히 기억나지는 않지만, 교육과 연관이 있는 다양한 철학과 세계관을 공부하는 수업이었다. 지긋하신 연세의 한 교수님께서 나긋나긋하게 들리지만 심지 있는 목소리로 강의를 이어가셨다. 교육에 대해 고민이 많았던 나는 수업 중에 여러 차례질문을 던졌다. 교수님이 풍기는 권위와 신뢰감 때문이었는지 질문이끝도 없이 쏟아져 나왔던 것 같다.

내가 무엇을 물어볼 때마다 교수님이 보여준 반응은 대부분 이런것이었다. "선생님. 그건 저도 잘 모르겠네요. 좀 찾아보고 말씀드릴게요. 선생님도 같이 찾아보실래요?" 무성의하게 느껴지는 답변에 처음엔 좀 황당한 기분이 들었다. 명색이 교수라면서 모른다는 것이 자랑인가? 너무 책임감 없는 태도 아닌가? 놀랍게도 이러한 반감이 불신이 아닌, 깊은 신뢰로 바뀌기까지 오래 걸리지 않았다.

교수님은 반드시 다음 수업시간까지 질문에 대한 답변을 준비해오셨다. 그보다 더 큰 위엄을 느끼게 해준 것은 최고 교육기관의 교육자로서 자신이 모른다는 것을 담담하게 인정하는 태도였다.

그 시절 교사와 학생의 관계에 대해서 돌처럼 굳어졌던 내 생각을도끼로 부수는 듯한 충격을 받았다. 교사와 학생이 함께 성장하는 관계라는 사실을 다시금 깨닫는 순간이기도 했다. 여담이지만 교수님이 너무나 존경스럽던 나머지 석사 논문과 박사 논문의 지도를 부탁

드렸다.

사소한 작은 사건(?)을 통해 교사로서 큰 변화를 맞이할 수 있었다. 대표적인 예로 매 학기 과학 수업이면 나는 학생 주도 수업을 한다. 짧게는 2주에서 길게는 4주까지 진행되며 수업 차시로 따지면 10~12차시에 해당하는 꽤 많은 분량의 수업이다. 학생 주도의 수업을 진행하고 평가를 기획하려면 많은 시간과 공력이 투입되지만, 그 어떤 수업보다 이 시간이 행복하다.

나는 교사인 동시에 한 명의 학생으로 학생들이 진행하는 수업에 참여한다. 수업은 언제나 놀라게 한다. 해당 시간에 주어진 내용을 어떻게 전달해야 하는지, 어떤 도구를 사용해야 효과적인지, 같은 또래를 대상으로 하는 학생들의 수업 내용, 방법, 평가는 늘 예상을 뛰어넘는다.

무엇보다 수업 후 나누는 학생 피드백 중 나의 마음을 울리는 내용은 단연 '신뢰'에 대한 부분이다. 학생들은 자신들을 믿어줘서 감사하다는 말을 잊지 않는다. 교사가 보여준 믿음의 무게 만큼 책임을 갖게 되었다고 말한다. 교사가 학생을 통해 배우는 관점의 변화는 이렇게 공동체의 필수적인 두 가지 요소, 신뢰와 책임의 중요성을 상기시킨다. 서로가 교사인 동시에 학생인 관계. 교육공동체의 배움은 이렇듯 상호신뢰와 책임을 바탕으로 이뤄지며 강화된다.

짧고 간단하게나마 학생 간의 관계 또한 짚고 가 보자. 학생과 교사의 관계가 위와 같이 될 수 있다면, 학생과 학생은 더욱 그럴 수 있지 않을까. 가능하다고 믿고 또 그렇게 되어야 한다고 생각한다. 한 가지 예로 학교는 단순하게 학습만을 위해 구성된 조직이 아니다. 학습을 위한 조직은 학습 속도에 맞게 조직원을 분류하면 된다. 학습이 늦은 학생을 그들끼리 묶어놓는다면 그것이 바로 학습 속도를 위한 조직 분류다.

때로는 학습 속도에 따라 학생을 분류할 필요가 있다. 학습도 교육의 중요한 요소 중 하나이며 최소한의 효율성이 요구되기 때문이다. 다만 그러한 '분류'가 '분리'가 될 경우 이야기가 달라진다. 학습 속도만을 기준으로 교과의 절대적 수업시간을 분리한다면 이름만 바뀐 수월성 학습과 다를 바가 없지 않을까.

우리가 학습 외 수많은 배움의 요소에 더욱 집중한다면, 이러한 분리 수업도 다시 한번 생각해 볼 여지가 있지 않을까? 학생 개개인의 학습을 책임지고 있는 교사의 마음을 모르는 바 아니다. 나 또한 학생에 관한 부담감이 있다. 함께 고민해 보자는 독려의 말이다. 우리에게는 신뢰와 책임의 교육공동체를 위해 다음과 같은 물음이 필요할 수도 있다.

"학습 속도가 서로 다른 학생들도 서로 도움이 될 순 없을까?"

"학습을 제외한 부분까지 고려해서 다 함께 수업하는 시간을 더 늘려도 되지 않을까?"

"학교가 교육공동체의 역할을 다하기 위해서 어떻게 학습의 자리를 설정해야 할까?

오래전부터 '협동학습' 같은 도구들이 존재해 왔다. 이런 도구들이 현장에서 지속해서 활용되고 있는지는 의문이다. 특히 고등학교의 경우 입시가 주는 부담과 사회적 압박은 상상을 초월한다. 수업에 대한 고민과 방법을 다루는 책 대부분이 초등학생을 대상으로 하는 이유도 이와 같다고 볼 수 있다. 협동학습의 방법도 중요하지만, 왜 협동학습의 가치가 중요한지 상기한다면 협동학습뿐 아니라 공동체 배움의 더 큰 가치로 학생과 학생 간의 관계를 재설정할 수 있을 것이다.

교사와 학생의 접점이 학습에만 있는 것은 아니다. 누구나 아는 사실이지만 우리의 실상은 (특히 고등학교의 경우) 학습을 최우선에 둔 채 나머지 교육과정이 구조화되는 경우가 비일비재하다. 앞서 거듭 이야기한 바와 같이 교사와 학생은 인격적(지식)으로 만나 배움의 장을 형성한다. 어찌 학생만 배우고 성장하겠는가. 교사 또한 학생을 통해 배우고 더 나은 인간으로 성장한다. 교사라면 대부분 이런 경험이 있기에 인정할 것이다.

다만 여기서 내가 강조하고자 하는 것은 그 경험을 단순히 아름다운 추억의 한 페이지로 남기지 말고 교육과정 속에 직접 녹여내자는 뜻이다. 학교가 추구하는 가치는 오리엔테이션 기간이면 나열하는 형식적인 교육의 목적과 취지로 대변할 수는 없다. 말뿐인 철학은 글자 그 이상도 이하도 아니다. 드러나지 않는 가치가 무슨 소용이 있단 말인가?

그러한 가치는 '없음보다 못'하다는 철학자 말처럼 교육이 철학과 목적을 표방할 것이라면 그 가치의 농도는 실제적인 교육과정으로 결정되고 표현된다. 당장 눈에 보이는 학교 시간표부터 좀 더 심오하게는 교육과정의 종류와 방향성에까지 미쳐야 한다. 가장 깊은 바탕에는 교사와 학생의 신뢰와 책임지는 공동체성이 있을 것이다. 물론 출발점에는 언제나 교사가 있고 그래야만 할 것이다. 학생과 교사의 가장 큰 차이가 바로 그것이다.

교사는 교사로서, 학생은 학생으로서 지켜야 할 자리가 있다. 이 자리는 학생 다양성과 마찬가지로 공동체 구성원의 다양성을 수반한다. 교사와 학생, 학생과 학생의 다양한 모습을 인정하는 것은 건강한 교육 공동체를 이루는 필수 요소이다. 사실 구성원 한 명 한 명이 사람이기에 다양성은 이미 갖춰 있다.

하나의 공동체를 이루는 구성원으로서 서로를 인정하고 바라볼 때, 그 속에서 인격적 배움이 깊어질 거라고 믿는다. 교사는 교사 나름대로, 학생은 학생 나름대로 말이다. 연륜을 내세우는 어른은 어른으로서, 참신하고 기발한 학생은 학생으로서 서로에게 배울 점이 적지 않다. 우리는 서로에게서 배워야 한다. 그 배움 속에서 서로에 대한 신뢰가 쌓일 것이다.

PART 4

교육,
삶으로 걷기

S   제가 유학을 도전하면서 느낀 게 있어요.

나   그래? 뭔데?

B   선생님의 영향이 크다는 생각이요.

나   와우! 그게 뭘까?

B   인성이고 성격이고 다듬어지지도 않았던 제가 공

부를 하며, 선생님과 같이 좋은 영향력을 끼치기 위해 노력

하는 걸 보면 저의 학창생활이 정말 귀했던 거 같아요.

나   아… 감동이다.

B   그 시간이 저의 인생의 방향과 목적을 잡아준 시간

이었어요.

나   고마워. 꼭 보자. 너와의 시간이 지금의 나를 만들

었으니, 서로 고마워하자.

- 졸업생 S와의 문자 중에서

삶의 재료이자
도구가 되는 교육

책상을 교체했다. 신체 발달이 좋은 고등학생 체구에 비해 책상은 너무 작았다. 사물함은 넘쳐나는 교과서와 교재가 있어서 책상은 물론 서랍, 바닥까지 책과 사물들이 여기저기 쌓여 있었다.

어찌 보면 요새 같았다. 책으로 둘러싸인 교실은 오와 열을 맞춰 세워진 요새. 〈네모의 꿈〉이라는 노랫말처럼 사각의 교실 안에 네모 난 책상, 네모난 책들 사이로 머리만 동그랗게 드러나고, 고개를 숙인 탓인지 아이들의 이마와 눈썹, 콧날만 보였다. 눈빛을 보는 일조차 쉽지 않다. 교실의 공기는 땀내가 섞여서 그랬는지 텁텁하기만 했다. 이처럼 환기되지 않아 더 답답하기도 한데 아이들은 어떨까.

그래서 책상을 바꿨다. 기존 책상의 두 배 크기였다. 학교에서 온종일 머무는 교실이니 책상이라도 조금 넓었으면 하는 간절한 바람이 있었다. 큰 책상으로 바뀌었지만 아이들에겐 여전히 좁은 시야였다.

하지만 그 무엇이 아이들의 시선을 가로막는다고 한들 학생들의 정수리를 통해 뿜어져 나오는 알 수 없는 상상이 교실을 꿈틀거리며 떠다닌다. 눈에 보이지는 않았지만, 내겐 분명하다. 책상 아래 슬리퍼를 신은 아이들의 발가락이 꼼지락거리는 것만으로도 이미 폭발할 듯이 자신을 드러내고 싶은 욕망이 엿보인다.

고민이 시작되었다. 이런 갑갑한 교실이 아이들을 감당할 수 있을까? 나는 여기에서 교육을 할 수 있을까? 교사인 나는 뭘 해야 할까? 교육이란 무엇일까? 하나같이 근본적인 질문이었다. 그나마 고민하기 시작했으니 다행이었다.

언제나 근본은 힘들다. 학교는 정해진 답을 요구하고 모범답안을 제시해야 하기 때문에 학생들이 할 일은 다섯 개 중 하나를 골라야 한다. 기나긴 학창시절을 그렇게 요구된 답을 찾느라고 온힘을 다한다. 답은 존재하기에 찾지 못하는 건 학교생활이 불성실하다는 증거라고 치부되었다. 아이들이 입는 옷부터 진로 학습, 졸업 후 대학 진학에 이르기까지 매사 정해져 있었다.

책상이 그랬듯이 예정된 답에 비해 학생들은 너무 컸다. 아니, 애초 정해지지 않은 게 우리 아이들의 모습이었다. 정한 것을 따르라는 교육과 정의할 수 없는 학생들 사이 건널 수 없을 것 같은 간극이 깊이 존재했다. 교육 현장에 아이들의 삶을 위한 것이 무엇이냐고 질문하면 뭐하나. 볼일이 급해 쩔쩔매는 이이처럼 어떻게든 교육의 자리에서 있어 보려 했지만 쉽지 않았다. 불가능한 일에 도전한다는 자책은 내 존재를 의심하게 했고, 교사라는 이유로 교육이라는 허상을 좇았다는 허탈감마저 느꼈다.

마침내 도망쳤다. 더는 교사라고 불릴 수 없었다. 학생들을 만나기조차 불편해서 내린 결정이었다. 아내가 질문을 던졌다. "여보, 학생들 없이 살 수 있겠어요?" 평소 아내는 좀처럼 조언을 하지 않는 사람이었다. 그런 아내가, 나를 가장 잘 아는 사람이 던진 질문이 묵직하게 다가왔다. 돌아보면 그 질문 덕분에 언젠가 다시 교단에 설 한 줄기 희망을 품을 수 있었고 한 줌 기대를 걸게 되었다.

내가 뭐라고 답했는지 기억나지 않지만, 내면을 온통 뒤흔드는 전율을 느꼈다. 다시 학생들 앞에 서게 된다면 단단해지리라, 지혜로워지리라 되뇌면서 한없이 내려앉으려는 나를 담금질할 수 있었다.

학교를 떠나고 몇 년이 지나 다시 학생들을 만났다. 과연 단단해지고 지혜로워졌을까? 그렇진 못했다. 다만 어렴풋이 고민했던 우리 아이들의 일상, 삶에 대해 더 가까이 다가갈 수 있었고, 더 깊이 품고 나아갈 수 있었다.

세상을 살아가는 사람들의 모습, 각자의 삶에 담긴 의미들은 다양하고 무한하다. 그 사실 덕분에 교육은 그 수만큼 다양해져 가고 있다. 학생들도 학생들의 삶을 살아갈 것이다. 무한한 교육과정은 불가능하지만, 무한한 교사의 다양성 덕분에 지금도 학생들과 웃고 울고 있다는 것은 위로이자 희망이기도 하다.

다만 교사로서 갖는 나의 다양한 모습이 학생들의 삶을 위한 교육의 재료이자 도구가 되어야 한다. 나를 포함한 수많은 교사의 사유, 고민, 경험은 학생들이 바라볼 수 있는 표지판일 것이고, 오감을 동원하여 시시각각 변화하는 세상을 말해야 한다. 아이들의 세상에서 창의적인 삶을 살아가야 하니까.

아이들을 뚫어질 듯 직시하라고 강요된 요새, 똑같은 책상, 단 하나의 정답을 향해 애를 쓰는 것이 아니라 각 사람의 꿈, 아이들의 꿈이 향연이 되어 서로 어우러져야 한다. 얼마나 아름다운 교실이겠는가. 그렇게 함께 살아가는 사람들이 아이들 옆에 든든하게 있다는 것을 전해야 한다. 교육은 이처럼 만질 수도 없고 보여줄 수도 없어 험난하기만 해도 가능한 일이다. 때로 불가능해 보이는 명제들이 가로막을 것 같아도 끝내 나아가 존재하게 한다. 이를 위해 애써야 한다. 다시 고민한다. 이제 무엇을 어떻게 할까?

너희는 지금 어디 있는 걸까?

너희가 고등학생이 되면 절대로 하지 말자고 다짐했던 말이 있었어. 그중 하나기 '딱 3년만 고생해라'라는 말이었지. 이 말을 들을 때마다 답답했어. 왜 너희에게 고생을 강요할까. 마치 입시를 위해 태어난 것처럼 그게 미덕이라고 당연하게 요구하지. 신음하는 너희들을 볼 때면 위로한다고 '고생 많지?'라고 말하는 것조차 거북했거든. 마치 찰싹 뺨을 때리고 나서 아프냐고 물어보는 생색내기 같아서 말이야.

어쩌다 이렇게 되었는지 거슬러 올라가도 기원을 짐작하기가 쉽지 않아. 유치원은 초등학교를 위해, 초등학교는 중학교를 위해, 중학교는 고등학교를 위해, 고등학교는 대학을 위해, 대학은 직장을 위해 오늘을 참을 수밖에 없는 우리를 봐봐. 도대체 왜 이래?

선생님 세대는 그렇게 살아왔으니 어쩔 수 없다고 치자. 지나간 일을 돌이킬 수도 없잖니. 사실 그때는 뭐가 잘못된 건지도 몰랐지. 고3 시절에는 아무 생각이 없었거든. 책상 앞에 오로지 '대학 합격'만 붙어 있었어. 그것 말곤 아무런 선택지가 없었지. 막상 어른이 되니까, 교사가 되어 너희를 만나니 그게 아닌 거야. 멈춰야 했어. 최소한 내가 만나는 너희는 나와 같은 길을 걷지 않길 바랐지.

너희의 '지금'은 어디 있는 걸까? 내가 늘 갖고 있는 물음이야. 미래를 향해 그렇다고, 삶의 연속선이라고 한다면 우리의 현재는 무슨 의미일까? 현재는 미래를 위한 디딤돌의 의미만 갖는 걸까? 아니, 현재가 미래를 위한 담보라는 걸 어떻게 장담하지? 미래를 위한다고 희생한 현재가 과거와 같다면? 그 과거는? 현재는 고사하고 과거는 아예 버려지는 게 아닐까? 무엇보다 중요한 것은 그렇게 다가오는 미래는 정말 장밋빛일까? 별 이상한 고민을 하느라 시간을 낭비한다고 할 수 있어. 하지만 너희를 볼 때마다 이런 고민이 꼬리에 꼬리를 물었어.

잘 정돈된, 곧게 뻗은 한 줄기 길은 계속 앞만 달리게 하지. 그 끝에 뭐가 있든 이 길밖에 없다고 한단 말이지. 다른 길로 눈을 돌릴 겨를이 없기도 해. 안 그래도 불안한 삶인데 왜 한눈을 파느냐고 다그치거든.

경마장에 있는 것만 같아. 이렇게 외쳐 대는 세상의 함성을 듣고 있노라면 허무했어. 너희를 경주마 취급하면서 안대를 씌워 놓은 것만 같아. 잡념을 버리고 앞만 보고 달려가라고, 죽을 각오로 달려야 한다고 말이야. 그렇게 하지 않으면 비난이 쏟아지지. 채찍으로 말의 등을 내리치듯, 너희에게 쉴 새 없이 박차를 가하지.

그런데 말이야. 생각해 보자. 현재 '지금'이라는 건, 주위를 둘러봐야 보이잖아. 아스팔트로 정리된 길이 아니라 지금 내 옆에 잡초가 우거진 그 미지의 장소 말이다. 재미있지 않을까? 막 들춰 보고 싶은 생각이 들지 않니? 우리에게는 미래를 위해 앞만 보고 달리기보다 지금 흘리는 땀의 의미를 아는 것이 필요해. 누군가 쓸데없는 짓이라고, 비웃으면서 그만 하라고 해도 한 귀로 듣고 흘리는 용기가 있으면 좋겠어.

너희의 학창시절이 그리길 비라. 지금 여기에 발을 붙이고 한껏 숨을 들이쉬며 너희의 일을 기뻐하기를. 지금 가까이 있는 사람을 사랑하며 함께 기뻐 웃고, 지금 아파하는 사람과 함께 아파하며 우는 사람과 함께 울길 바란단다.

우리 앞만 보면서 달리지는 말자. 인증샷 하나 남기기에 급급하지 말고 지금 한 번 더 주변을 둘러보면 좋겠어. 그것이 의미 있는 삶이라고 생각해. 너희에게 사라지지 않는 지금을 한번 누리면서 살자. 도움이 필요하면 선생님을 부르렴.

· LETTER 22 ·

확실한 기준이 확실하지 않다는 사실

"선생님, 12학년(고3) 끝나면 대학에 가야 해요?"

눈을 동그랗게 뜬 채 정말 궁금하다는 표정으로 물었지. 이제 갓 초등학생 딱지를 뗀 너에게 이런 질문을 받았을 때는 당황했어. 중학생이 되자마자 이런 고민에 빠진다는 것 자체가 슬펐거든. 대체 누가 그런 생각을 하도록 했을까? 경중경중 뛰어다니면서 함성을 지르거나 어른 입장에선 어이가 없을 만큼 발랄한 질문을 하기를 바랐어. 사춘기답게 형이상학적 고민에 빠질 수도 있겠지. 그런 너희이기를 바랐던 거야. 마치 고삐 풀린 철없는 망아지를 상상했지.

다들 스무 살이면 대학생이 되어 있겠지. 그것도 누구나 아는 4년제 대학생 말이야. 대학에 관한 이야기라면 정말 밤을 새울 만큼 할 말이 많아. 너도나도 무작정 대학으로 몰려가려 한다면 차라리 대학을 가지 않는 편이 더 낫겠어.

왜 다들 대학에 가려고 하지? 너의 질문에 이런 반문을 하고 싶다. 이런 질문에도 웃지 못할 상황이 이 시대의 비극일 거야. 대학에 다닌 사람들이 기억하는 그곳은 어떤 곳이겠니? 예전부터 대한민국의 술은 직장인과 대학생이 전부 마신다는 농담마저 있었지. 대학생이 되면 신입생 환영회부터 필름이 끊길 정도로 술을 들이붓더군. 학기 중에도 새벽까지 술을 마시다 보니 다음 날 1교시 강의는 자동 결석이고, 아주 중요한 전공 강의 빼고 1교시 강의가 인기 없는 이유지.

밤새 컴퓨터 게임을 하는 것도 모자라 강의시간에 몰래 게임을 해. 학점은 관리해야 하기에 선배들로부터 시험 정보를 끌어 모으고, 안 되면 공부 잘하는 친구의 노트를 복사하고, 그도 안 되면 손바닥과 쪽지에 시험 범위 내용을 몰래 써 놓지. 이런 것을 대학생의 낭만이자 추억이라고 말하는 사람들도 있어. 추억? 좋지. 미팅하고 연애도 하면서 청춘의 시간을 알차게 채워둘 수도 있어. 근데 왜 꼭 대학에서 채워야 하냐구? 청춘의 시간은 각기 다른데 말이야.

문제는 또 있어. 값비싼 등록금이지. 1년 평균 등록금은 천만 원 가까운 수준이야. 솔직히 1년 내내 수업을 듣는 것도 아니고 방학으로 몇 개월을 흘려 보내는 걸 따지면 한 달에 백만 원 가까이 돈을 쓰는 거지. 대학 4년을 다니는 28개월 동안 얼마를 내야 하는지 따져 보면 어마어마한 금액일 거야.

난 가끔 그런 상상을 해. 차라리 그 돈으로 책을 사 보는 것이 낫겠다. 아니 굳이 살 필요도 없지, 도서관에 가면 되니까. 훌쩍 긴 여행을 떠나면 어떨까. 영어 잘하고 싶은 사람들 많잖아. 돈을 모아서 영어권 나라로 떠나는 거야. 관광도 하고 문화와 영어도 배우고 일까지 한다면 얼마나 멋질까. 너희가 만약 이런 일을 한다면 내 가슴이 마구 뛸 것 같아.

남의 일이라고 함부로 말하는 것 같니? 절대 아니야. 이게 더 합리적이고 현명하다고 생각하기 때문이야. (물론 주식 투자하라는 사람도 있다만.) 중요한 건 열정과 자유는 불확실한 현실이 던져주는 도전 과제를 통해 더 큰 빛을 발한다는 사실이야.

대학 입학 하나뿐일까! 졸업하는 시점도, 취직해야 하는 때도, 결혼해야 하는 나이까지도 누가 시작했는지 모르지만, 보편적인 기준이 존재하고 있더라. 이 기준이 어느새 머릿속에 들어온 너의 질문을 접하니까 부끄러웠어. 그런 생각을 심어줄 수 있는 사람은 부모 혹은 교사, 아니면 둘 다일 테니까.

보편성에서 안정감을 느끼는 게 어른인가 봐. 마치 나는 어른이 아닌 것처럼 말해서 미안하구나. 아무튼 너무나 당연하게 국공립교육을 받고, 남들이 버는 만큼의 돈을 가져야 하고, 친구가 사는 집 평수와 비슷하게 수준을 맞춰야 하고, 너도나도 자가용을 굴려야만 비로소 안정감을 느끼는 걸 보면 할 말이 없어. 요즘은 또 주식 안 하면 불안하다고들 하더라.

그들에게 묻고 싶어. 마음의 안정을 주는 당신의 뿌리는 어디에 있냐고, 보편이라는 이름의 잣대로 군중이 몰려가는 대로 무조건 따르면 안정적인 삶을 살 수 있는지 말이야. 내 이야기가 또 이상적으로 흘러간다고 생각하는 건 아니지? 편지가 좋은 건, 마음에 담긴 이야기를 마음대로 쓸 수 있다는 것 아니겠니.

가수 유재하의 유작 중에 〈가리워진 길〉이라는 노래가 있어. 첫 소절의 가사를 들을 때마다 고개를 끄덕이곤 해. '보일 듯 말 듯 가물

거리는 안개 속에 싸인 길, 잡힐 듯 말 듯 멀어져 가는 무지개와 같은 길.' 이렇게 시작하는 노래를 들으면 가슴이 먹먹해지더라. 어쩌면 이렇게 가사를 잘 썼는지 어른이라면 누구나 공감할 수 있을 거야. 자기가 살아가는 그 길이 정말 옳은 길인지 고민해 본 사람이라면 말이야. 인간은 늘 불확실이라는 실존과 싸워가야 하니까.

하지만 불확실이 꼭 나쁜 걸까? 아까 이야기했듯이 불확실한 미래가 현재의 우리의 삶을 더욱 힘차게 밀어줄 때가 있거든. 너희들을 보면 알 수 있어. 정해진 주제나 제한하는 것이 없을 때 아이들은 정말 자기가 하고 싶은 걸 하더라고. 자기가 무엇을 해야 하는지 모를 때 비로소 자신의 문제를 고민하기 시작하더라.

선생님의 아이들도 그래. 할 일이 없을 때, 혹은 뭘 해야 할지 모르겠다고 말할 때마다 문득 돌아보면 신기하고 엉뚱한 짓(?)을 하고 있다니까. 나중에 보면 그게 정말 자신이 하고 싶었던 거였어.

삶은 불확실로 가득해. 아니, 삶은 불확실한 거야. 사람 자체가 불확실하잖아. 불확실한 사람이 불확실한 삶을 살아가면서 확실을 추구한다는 것 자체가 모순 같지 않니? 더구나 군중의 보편 속에서 확실한 걸 얻으려는 건 어불성설이야. 그러면서도 학생들에게 이러한 관점을 들이밀고 있다니, 말도 안 돼. 그래서 너희 보고 어떻게 해야 하냐고? 글쎄, 사실은 나도 잘 모르겠어. 모든 질문에 대해 당장 해답을 구하려 할 필요는 없어. 그럴 수도 없고. 다만 자신 있게 말할 수 있는 건, 너희가 강요당하는 모든 확실한 기준들이 사실은 확실하지 않다는 사실이야. 나중에 이 문제를 다 같이 고민해 보자. 너희의 고민, 너희의 생각을 나눠준다면 좋을 것 같아. 오늘은 이만.

· LETTER 23 ·

공장 갈래?

고등학교 시절에는 왜 그렇게 잠이 쏟아졌는지 모르겠다. 우리 학교는 새벽 1시까지 공부할 수 있도록 도서관을 개방했어. 그 시절은 많은 학교가 그랬지. 가만히 있으면 몰려오는 압박과 불안에서 벗어나기 위해서라도 새벽 1시까지 꼬박꼬박 도서관에 남아 자습했지. 도서관 의자가 그렇게 딱딱한 데도 12시 무렵이면 꾸벅꾸벅 졸았어. 두 개의 체리 색 등받이가 있던 각진 도서관 의자를 떠올리면 지금도 엉덩이가 얼얼한 기분이야.

우리 집은 학교와 거리가 꽤 멀었어. 적어도 새벽 5시 45분에는 일어나야 했지. 그때는 0교시라는 제도가 있었거든. 새벽 1시까지 학교에 있다가 집에 오면 새벽 2시, 한참 숙면해야 성장할 나이에 3시간

반 정도만 자고 종일 버텼던 거야. 그러니 학교에 가도 졸고, 버스에서도 졸고, 나중에는 졸음을 쫓으려고 선 채 수업을 들었는데 결국 또 졸았지.

왜 그렇게 살았을까. 왜 그렇게 미련하고 바보 같았을까. 만약 그렇게 살지 않아도 된다는 말을 누군가 들려줬으면 안 그랬을까? 누군가의 말을 듣고 관성의 일상을 탈출할 용기는 있었을지 의문이 남긴 하지만.

꾸벅꾸벅 졸던 기억 탓에 지금도 생생하게 떠오르는 장면이 하나 있단다. 교실에서 졸고 있으니까 수업시간에 들어오는 선생님마다 나를 깨웠어. 하루는 영어 선생님이 교실에 들어오시다가 엎드려 자는 나에게 큰소리로 말씀하시더군.

"병재야! 공장 갈래!!!"

지금도 그 목소리를 잊지 못해. 교실이 떠나가라 학생들은 웃었지. 평소라면 나도 웃었을 거야. 꽤 농담을 좋아하는 유쾌한 학생이었거든. 그날은 웃을 수 없었어. 잠은 확 달아났지. 선생님의 농담 어린 질책 한마디가 가슴에 화살처럼 날아와 꽂혀 버렸거든.

그때 내 머릿속에 떠오른 사람이 있었어. 부모님이었지. 우리 부모님은 공장 노동자들의 야식을 만드는 일을 하셨으니까 그분들도 공장 노동자였던 거야. 욱하는 마음에 선생님께 큰 반감을 표하거나 대들기보다는 애써 가슴을 치고 올라오는 혈기를 조용히 눌러야 했어. 그때는 그런 말들을 아무렇지도 않게 했던 시절이니까. 하지만 그때의 기억을 다시 떠올린 이유는 '지금은 어떤가'라는 물음이 머리를 떠나지 않기 때문이야.

과연 달라졌을까? 얼마 전, 인터넷에 떠도는 이야기 중에 거리의 환경미화원 노동자를 보며 한 아이의 엄마가 '너도 공부 안 하면 저런 일을 하게 된다.'라고 한 말이 수많은 이들의 공분을 샀던 거 기억하니? 세상은 크게 변하지 않은 거 같아.

사람들은 입버릇처럼 직업에 귀천이 없다고 하지만 정말 그런가? 현실이 그렇지 않다는 걸 우리는 알고 있어. 그런 날이 올까 싶기도 하다. 적어도 너희는 그런 편견 속에서 살아가게 하고 싶지 않았는데 말이지. 윤리와 도덕적인 면에서 벗어나지 않는다면 나의 부모가 어떤 직업에 종사하든, 자신이 무슨 일을 하든 상관없이 일 자체를 소중히 여기는 세상을 바라는 건 너무 순진한 생각일까?

학교를 떠난 적이 있었다고 편지에 썼던 걸 기억해? 내가 미련하긴 한가 봐. 그때 일부러 공장을 찾아갔어. 2년 가까이 일했지. 오기를 부리듯 보란 듯이 다녔어. 누가 훈장을 달아주는 것도 아닌데 고집을 버리지 않았단다. 적어도 그래야만 너희를 다시 만났을 때 당당히 설 수 있지 않을까 생각했어. 너무 고지식하다고?

너희도 알겠지만, 학창시절은 영원하지 않잖아. 너희도 곧 사회로 나갈 것이고, 수많은 사람을 만나겠지. 너희가 짙은 안개처럼 만연해 있는 일관된 가치관에서 벗어나 두 발로 단단하게 서기를 바라. 너희가 꼿꼿하게 서 있는 모습을 본다면 좋겠어. 나의 영향을 받은 덕분이라면 정말 기쁠 거야. 그게 바로 내가 해야 할 일인지도 모르겠어.

그런 너희를 보며 또 다른 누군가 두 발에 힘을 줄 수 있다면, 그렇게 안개를 헤치고 점점 또렷하게 자신을 드러내는 사람들이 늘어간다면, 지금보다 더 나은 사회가 되지 않을까?

행복한 상상은 그만하고 나는 교사로서 할 수 있는 걸 하고 싶어. 쉽지 않은 길이지만 너희가 동참해 주었으면 해. 너희가 있는 자리에서 너희가 할 수 있는 최선을 보여줄래? 최소한 엎드려 졸고 있는 아이에게 '공장 갈래?'라고 물어보는 그런 어른과 그런 폭력적인 말들이 세상에서 사라지도록 말이야.

◦ LETTER 24 ◦

그런 소식이 일상이라는 거야

11월이면 뉴스 보는 일이 두렵단다. TV 뉴스건, 포털사이트 기사

건 보고 싶지 않아. 솔직히 말하면 볼 자신이 없어. 성적비관으로 생을 달리한 고3 수험생에 관한 기사를 보면 마음이 타들어 가거든. 목이 메고 눈물을 삼키려다 보니 어금니를 꽉 깨물게 돼. 콧날이 시큰거리면서 어느 틈에 기도하려 모은 손에도 힘이 들어가.

손가락 마디에 피가 통하지 않을 정도란다. 사연이 어떠하든 죽음이란 아프고 슬프고 괴로운 거니까. 요즘은 초등학생까지도 극단적인 선택을 한다는 고통스러운 기사를 접할 때면 가능하면 뉴스는 피하고 싶은 것이 솔직한 내 심정이야.

더 무서운 건 그런 소식이 일상이라는 거야. 생명의 불꽃 하나가 사그라지는데, 그게 그럴 수도 있다고 간주하는 거야. 비정상을 정상으로 받아들이면 어떡해? 모두가 비정상이 되어 버리라는 말이잖아.

아무리 생각을 떨쳐 버리려고 해도 고민이 깊어져. 왜 그랬을까. 사람이 살아 있다는 것, 나라는 사람이 이 세상에 존재한다는 것, 한 사람의 삶은 절대 독립적일 수 없지. 거미줄처럼 얽히고설킨 사람의 존재는 복잡한 관계만큼이나 소중하잖아. 그렇게 중요한 자신을 던져 버릴 수밖에 없는 이유가 뭐였을까. 수많은 관계를 끊어 버릴 만큼 아니, 그 모든 관계를 무시할 만큼 아이들을 무겁게 하는 건 무엇일까.

누구나 자신의 신념으로 삶을 살아가지. 자신이 가진 믿음이 있기에 믿음으로 한 발 나아가면 기쁨을 얻고 믿음이 있기에 어떤 일도 견딜 수 있는 거겠지. 그렇다면 문제는 믿음이 잘못된 데서 비롯된 거 아닐까. 불쌍한 아이들이 가진 믿음은 무엇이었을까? 자신의 삶을 내동댕이칠 만큼 무거웠던, 아이들을 어둠으로 몰아넣은 그 잘못된 믿음 말이야.

대부분 원인은 성적이었어. 세상의 수많은 가치에서 민망한 만큼 보잘것없고 허무한 점수와 등수, 성적표에 적힌 숫자와 등급이 그 아이들이 신뢰했던 믿음의 대상이었다는 것이 문제였지. 다시금 먹먹한 마음이 몰려와서 눈시울이 뜨거워져.

아이들에게 성적을 강요하던 사람들. 성적이 최고의 믿음이 되어야 한다고 말했던 어른들이 있었겠지. 그것이 세상 전부니까 점수를 올리려면 최선을 다해야 한다고, 높은 등급을 위해서 삶의 일부분을 내놓으라고 했을 거야. 제사를 지내듯이 아이들의 다채로운 빛깔로 채워진 소중한 시간과 삶을 성적이라는 제단에 올려놓고 아이들의 꿈이 불태워지는 장면을 흡족해하며 잘한다고, 그렇게만 하라고 속삭였던 어른들 말이야.

아이들은 저녁노을에 비친 자신의 그림자도 본 적이 없을 거야. 그림자 없는 새벽과 그림자 없는 밤을 보내야 했으니까. 그림자를 만들지 않는 통학버스의 형광등 아래 무슨 생각을 했을까. 어른들의 믿음에 대해 수없이 의심해 보지만, 맹신을 강요하는 분위기에 둘러싸여

하늘만 처다봤을 아이들을 생각하면 가슴이 미어진다.

성적의 제단이 무너졌을 때, 아이들도 무너졌어. 전부라고 강요받았던 성적이 허물어졌을 때, 자신의 믿음과 삶의 의미가 무너졌다고 느꼈을 거야. 쏟아져 내리는 잔해 속에서 딱 한 사람이라도 '그게 아니야. 네가 믿을 건 그게 아니야'라고 손을 내민 사람이 있었다면 얼마나 좋았을까. 잔해더미에서 울어줄 수 있는 한 사람 말이지.

나는 정말 부족한 사람이야. 그렇지만 그런 아이들에게 악착같이 손을 내밀고 싶어. 세상에 저런 망상가가 어디 있냐고 욕을 먹는 한이 있어도. 한 사람의 어른으로서 다른 어른의 말에 내 귀를 막을 최소한의 힘은 있거든. 그렇게 도움이 필요한 아이들에게 손을 내밀고 싶은 거야.

너희와 함께 보냈던 시간 동안 나는 얼마나 자주 손을 내밀었을까? 여전히 앞으로도 너희와 함께할 시간이라면 더 자주 손을 내밀어야겠다고 다짐해. 이 글을 맺으며 묻고 싶어. 너희를 살게 하는 믿음이 뭐니?

· LETTER 25 ·

편지글이라서 쉽지 않았어

너희에게 매일 편지를 쓰겠다고 결심하고 나서, 사실 머리를 감싸쥐고 고민해, 매일. 사람의 기억은 정말 힘이 없더라. 너희와 부대끼며 보낸 시간을 아무리 떠올려도 얼굴만 떠오를 뿐 무슨 생각을 했고 어떤 이야기가 있었는지 가물가물할 때가 있거든.

그래도 천천히 지난 하루하루를 돌아보면 과거가 남긴 흔적의 의미가 차츰 선명해지기도 했어. 내가 걸어온 삶의 궤적과 방향도 말이지. 미처 몰랐는데 이 길이 맞았구나 하는 깨달음이 행복하게 한단다.

행복감이 가슴 벅차오르더라도 편지 쓰는 일이 난감한 건 어쩔 수 없더라. 정말 쓰지 않으면 못 견딜 것 같기도 해서 앉아 있던 시간, 좌우간 써 보자면서 앉아 있는 시간 중 어느 쪽이 더 많았을까? 써야 하니까 억지로 앉아 있는 시간이 더 많았던 게 솔직한 심정이야. 물론 마구 쓰고 싶을 때도 있었어.

편지글이라서 쉽지 않았어. 힘든 건 이거야. 머리에 맴맴 도는 데 꺼낼 수 없는 갑갑함이었어. 분명 머릿속에는 생각과 감정이 있는데, 어떻게 글로 써야 할지 도무지 감이 오질 않는 거야. 다행히 오늘은 그렇지 않아. 답답한 심정까지 절로 튀어나와서 글이 잘 써지고 있으니까. 편지를 쓰다 보니 이런 날도 있네?

우리가 서로에게 생각을 전할 때는 얼굴을 마주보며 대화하는 게 좋더라. 얼굴을 마주한 상태에서 한마디 말보다 더 풍성한 마음과 표정이 전해지잖아. 까칠하게 말해도 웃으며 듣기도 하고, 엄중하게 말해도 오해 없이 받아들이곤 하니까. 그런데 굳이 글로 전달하려니까 어색하기도 하거든.

이런 면에서 글은 참 미련한 도구 같아. 시간도 오래 걸리고 같은 의미를 전달하는 문장을 몇 번이고 수정하곤 하지. 고치고 고치다가 끝내 마음에 들지 않아 지워버리기도 했어. 그렇게 공들여 쓴 편지에 담긴 너희와 나의 비밀스러운 이야기가 공개될 거라는 걸 그때 알았다면 이렇게 난감하지는 않았을 거야.

차라리 편지 말고 녹음이나 영상이면 자연스러웠을 거야. 너희에 겐 훨씬 편하고 정확하게 전달할 수 있을 텐데. 그럼에도 내가 군이 편지를 쓰는 이유는 뭘까? 우리들의 이야기니까 모두에게 공유하고 싶었어. 군이 편지를 쓰는 핑계를 찾을 필요가 있을까?

놀라운 건 편지글이 지닌 깊이야. 그냥 슬쩍 건네는 한마디보다 종이에 꾹꾹 눌러 쓴 글의 울림이 다르더라고. 너희가 준 편지글만 봐도 알 수 있어. '선생님이 좋아요'라고 말해 주는 것만으로도 기쁘지만, '선생님이 좋아요'라는 쪽지를 받으면 목소리에 담긴 울림보다 더 긴 여운을 남기더군. 마치 가슴 위에 새겨지는 각인처럼 글쓴이의 심정을 구구절절 공감할 수 있었어.

글이란 쓰는 사람도, 읽는 사람도 동시에 깊어지게 하는 힘이 있는 것 같아. 연필을 쥐고 고민한 만큼, 종이에 한 자 한 자 눌러 쓴 만큼, 사각사각 연필 소리가 손을 타고 온몸을 울린 만큼, 그래서 연필 소리가 리듬이 될 만큼, 편지는 쓰는 사람을 고스란히 드러내는 일이지. 특히 너희가 보내준 편지에 담긴 이야기는 여간해서는 마음에서 지워지지 않더라.

가끔 내 책상 위에 쪽지가 놓여 있을 때면 마음이 설레더라. 교무실 문을 열고 책상까지 걸어오는 몇 걸음 동안 마음이 어찌나 따뜻해지는지 너희들은 모를 거야. 곱디곱게 접은 쪽지를 펼칠 때마다 그 속에서 튀어나올 기상천외한 너희 모습을 기대하면 나도 모르게 미소가 흘러나오곤 하지.

학교에서 글쓰기 대회가 있으면 너희들을 떠올렸어. 너희가 글 쓰는 것을 좋아하지 않는다는 걸 알면서도 독후감 대회나 공모전 정보가 있으면 도전해 보라며 광고했었지. 형식을 갖춰 소논문을 써 보라면서 괴롭히기도 했고. 여의치 않을 때면 공식적인 평가에 글쓰기 항목을 집어넣기도 했지. 너희에게는 꽤 힘든 시간이었겠지만, 나는 연필 소리, 글 쓰는 소리가 참 좋았다. 종이 위를 미끄러지는 연필의 사각거리는 소리가 마치 너희와 내가 성장하는 소리 같았거든. 그때를 떠올리니 조금 미안해진다. 너무 내 생각만 한 건 아닌가? 그래도 후회하지는 않아.

요즘 갈수록 연필 소리 듣기가 쉽지 않아. 손끝으로 자판을 터치하면 그뿐 필기할 이유가 없으니까 그렇겠지? 그 빈자리를 영상과 전자기기가 채워가니까 글은 점점 더 재미없어지고. 문제는 터치와 영상은 글 쓰는 것과 다르게 우리에게서 딱히 고민을 요구하지 않는다는 데 있어. 생각의 되새김질이나 자신을 돌아보는 습관은 일상에서 자주 주어지는 기회가 아니거든. 한 방향으로만 움직이는 일방적 소통이랄까. 물론 모든 영상이 그렇다는 말은 아니야. 좋은 영상은 그런 기회를 제공하기도 하고 종종 깊은 사유의 산책으로 이끌기도 하니까. 그게 바로 글이 가진 마력 아니겠니?

글 쓰는 사람은 쓰기 전에 고민할 시간이 필요하지. 읽는 사람은 그 의미를 생각할 시간이 필요한 것처럼. 글 쓰는 사람은 독자를 생각하고 독자는 글 쓴 사람의 의도를 생각하는 거야.

서로 상대의 머릿속을 두드리는 아름다운 방문의 시간. 모순적이지만 문자가 단순한 표현 방식 같아도 글쓰기의 고통만큼이나 서로를 깊이 돌아보게 하더라. 그러니까 우리같이 누군가에게 편지를 써 보자. 물론 내게 써 준다면 기쁘겠지. 상상만 해도 기분이 좋은 걸. 답장을 기다린다고 말하면 부담되겠지만 이번에는 좀 부담을 안기고 싶구나. 그럼 이만 총총.

· LETTER 26 ·

진짜 그들의 모습이 보이더라

잠시나마 적을 두었던 직장은 철판을 가공하는 소규모 공장이었어. 학교를 떠나서 처음 공장에 들어섰던 순간을 생생하게 기억해. 햇살이 쏟아지던 주차장의 밝은 풍경과 대조적으로 공장 내부는 몹시 어두웠지. 회색빛 공장 입구 너머 또 다른 풍경과 마주할 때, 마치 다른 세상으로 들어가는 듯했지.

그래도 점심시간이면 입구를 통해 햇살이 들어왔어. 오전엔 어두워서 잘 보이지 않던 공장 안으로 빛이 밀려 들어오면 못 이긴다는 듯 그제야 정체를 드러낸 철가루 입자들. 순간 입을 틀어막을 수밖에 없었지. 수십 장씩 겹겹이 쌓여 있는 철판들. 거대한 기계와 위험천만한 공구 사이를 쉼 없이 오가던 노동자들의 안전화가 시선을 끌더라. 처음엔 그처럼 딱딱했던 안전화가 어느덧 발에 맞아 편안해질 무렵, 어둡기만 하던 공장은 그들만의 세상이 아닌, 내 세상이 되어 있었어.

공장을 드나드는 사람들은 대부분 건설현장에서 잔뼈가 굵은 사람들이었어. 거친 입담이 오갔지만, 악의는 없었어. 단순히 입이 거칠다고만 생각했지. 느슨해진 안전화처럼 나의 귀도 느슨해진 걸까. 그들의 입담이 아무렇지도 않게 들릴 때쯤 진짜 그들의 모습이 보이더라. 매일 아침 만나던 그들이 내 세상의 존재가 되어 갔어.

사람들은 우리를 '막노동꾼'으로 치부하고 말더라. 그런 의미로 보면 나 역시 막일하는 사람이었으니까. 하지만 그들은 분명히 달랐어. 멋진 도면을 설계하는 전문가도 있었고, 종이에 대충 숫자를 갈겨서 업무를 전달하는 작업자도 있었어. 대체 그림인지 글씨인지 헷갈리는데도 업무 연계가 되는 거야.

어느 날 부장님과 그들이 나누는 대화를 듣게 되었지. 들어도 뭐가 뭔지 모를 용어와 숫자를 나열하더니 두세 마디만으로도 뚝딱뚝딱 무언가 만들기 시작하더구나. 처음 두어 달은 간단한 보조 일만 하면서 옆에서 지켜보기만 했지.

부장님의 모습, 콧등에 걸친 돋보기와 숱한 상처의 흔적으로 가득한 두툼한 손가락, 철가루가 듬성듬성 달라붙은 이마로 흐르는 땀방울이 참 멋져 보였어. 시끄러운 기계 굉음 따위는 아랑곳없이 작업에만 몰두하더라. 언제부터인지 기억나지 않지만 존경스럽기까지 했지. 그는 머리만 쓰는 사람이 아니야. 온몸으로 일하는, 아니 그냥 몸 자체였어. 이런 사람을 장인이라고 하던가.

사람들은 머리 쓰는 일과 몸 쓰는 일을 구분하는 데 익숙해. 그러면서 몸 쓰는 일은 터부시하지. 관념의 사람과 몸의 사람이 따로 나뉘어 있는 것처럼, 그것이 계급인 양 말이야. 하지만 곰곰이 생각해 보렴. 과연 사람의 머리와 몸이 따로 작동할 수 있을까. 누군가 힘을 이용해서 우리의 머리와 몸을 분리하라고 강요한다면 불행해질 거야. 사람은 그런 존재가 아니니까.

공장에서 보낸 시간은 사람의 존재를 고민하는 계기가 되었어. 그 고민을 품은 채 학교로 돌아오자, 그동안 잘못했던 것이 보이더라. 나를 거쳐 간 너희가 생각났어. 성숙하지 못한 교사여서 너희에게 미안했지. 돌아보면 우리 교육 현장이 그랬던 것 같아. 우리가 앞으로 살아갈 세상과 몸으로 맞닥뜨려 살아가는 현실과는 상관없이 학생들의 머리에 계속해서 관념을 주입하는 허울 좋은 잔치가 학교 공간에서 이뤄졌던 거야.

주변에 어려운 이웃은 없는지, 전쟁으로 고통받는 나라는 없는지, 왜 그들이 어려울 수밖에 없었는지, 왜 삶의 비극은 끊이지 않는지, 교육을 통해 그들을 도울 방법은 없는지, 학생으로서 할 수 있는 일은 무엇이 있는지, 그런 세상을 위해 무엇을 어떻게 배워야 하는지, 지금 나는 무엇을 해야 하는지 아무도 묻지 않았어.

현실에 존재하는 수많은 몸의 가치를 모른 척하고 교육은 언제나 미래를 위한다는 무근지설(無根之說)로 모든 걸 덮어버렸어. 세상에는 아직도 불행한 사람들이 많아. 자신이 불행한지도 모른 채 말이야.

교육의 자리에서 교사라는 이름으로 너희를 만나면서 나 역시 관념의 노예는 아니었나 돌아보게 돼. 혹시 내가 전하는 말 가운데 알게 모르게 몸을 터부시했던 것은 아니었을까. 몸과 생각의 아름다운 조화를 깨닫게 해주려고 노력을 기울이기는 했을까.

하루는 부장님이 이런 말을 한 적이 있었어. 자기 아이들은 몸 쓰는 일 하지 않게 하겠다고 말이야. 이야기가 길어지는 바람에 꽤 오랫동안 그분의 말을 계속 듣고만 있었지.

마침내 내 차례가 왔을 때, 이렇게 말했어. "부장님, 부장님은 일할 때가 가장 멋있어요." 그분은 말도 안 된다며 너털웃음을 웃으셨지만 난 진심이었어. 너희도 그분을 보았다면 나처럼 느꼈을 거야.

우리가 살아가는 이 세상에서 몸을 떠올릴 때, 어떤 건강한 생각과 실천을 할 수 있는지 너희도 함께 고민해 주겠니? 기왕이면 온몸을 다 해서 말이야.

· LETTER 27 ·

나와 만난 너희들에게

너희를 만나면 다른 말은 제쳐놓고 고맙다는 말부터 전하고 싶어. 너희는 내게 선뜻 다가와 웃어주고 울어주었지. 서로 실망한 적도 있었지만, 아무 문제가 되지 않았어. 우리에겐 다정하고 친절한 외부인보다 때로는 실망하고 다투더라도 너와 나, 그리고 공동체가 더욱 절실했으니까.

무엇보다 너희는 믿음을 주었고 감동을 주었어. 아무 대가 없는 사랑을 주었던 너희가 보여준 기쁨과 슬픔, 믿음과 감동을 통해 나는 교사로 설 수 있었단다. 내가 가진 보잘것없는 소유만으로는 똑바로 서기조차 힘들었거든. 너희의 학생다움이 나를 교사답게 살도록 이끌어 주었어.

사실 가끔은 교사가 무엇을 하는 사람인지 너희 덕분에 헷갈리곤 했었어. 처음엔 단순히 전공 지식을 전달하는 사람이라고 생각했지. 그러다가 너희의 혼을 쏙 빼놓을 만큼 능수능란하고 멋진 교육자가 되고 싶었지. 지나고 나니 그러한 희망은 교사를 이루는 작은 조각에 불과했어.

막상 너희를 만나니 그렇게 단순한 것도 쉽지 않았고 그것이 전부도 아니라는 걸 깨달았지. 물론 멋진 수업을 진행하는 꿈도 교사에게는 기쁨이자 과제이겠지만 교사라는 직분의 전부를 대변한다고 볼 수는 없지. 교사로 산다는 건 참 어려운 일이야.

그럼 대체 교사란 무엇일까? 여전히 잘 모르겠어. 한 가지 분명한 건, 교사라는 자리는 정말 찬란하고 따뜻하며 슬픔과 기쁨, 사랑이 넘치는 자리라는 거야. 무슨 뜬구름 같은 이야기냐고 되물을 수도 있겠지. 시간이 좀 더 흐르면 자신 있게 말할 수 있을까?

다만 '뜬구름' 같다고 해서 허무맹랑의 표상처럼 여기지는 말자꾸나. 세상 모든 사물을 도표와 숫자처럼 언제나 정확하고 반듯하게만 말할 수는 없을뿐더러 그런 식으로 정확히 드러나는 것만 인정하면서 살 수는 없지 않겠어?

한 치의 틈도 없이 딱 들어맞는 숫자와 공식들로 사람이라는 존재를 설명하기에는 너무 단편적이지 않니? 교사뿐 아니라 다른 직업군을 살펴봐도 우리의 삶은 너무나 광대해서 달리 표현할 길이 없더라. 오죽하면 '한 사람이 곧 우주다'라는 말도 있잖아. 내가 '감히' 교사를 선택했던 이유야.

그래서 항상 마음이 무거웠어. 이렇게 부족한 사람이 교사로서 살아가느니 차라리 그만두는 게 낫겠다는 생각을 떨쳐버릴 수가 없었어. 너희에게 정의를 강조하면서도 내가 있는 자리가 정의롭지 못하다는 생각에 분노했어. 너희에게 인격과 존중을 말하면서 나는 과연 인격을 존중하고, 존중받고 있는가? 이런 마음이 들 때면 땅이 꺼지게 한숨을 내쉬었어.

너희에게 공동체의 중요성을 말하면서 차갑디차가운 조직에 갇혀 있다는 생각을 들킬까 두려웠어. 사랑과 배려의 섬김을 이야기하면서 나는 그런 사람인가, 그런 사람을 경험해봤나 고민하며 절망했단다.

너희를 만나서 미안하다는 말도 종종 했었지. 비겁하게 학교로부터 도망가기도 했고. 그런데 무슨 배짱인지 지금도 '감히' 교사로 살아가고 있어. 시간이 좀 더 지나면 달라질까? 얕은 생각일지 몰라도 교사라는 무게감은 사라지지 않을 것 같아. 어영부영 학기만 채우면서 교사라고 불리고 싶진 않으니까.

모든 것이 불편하기만 했어. 내게 익숙했던 방식으로 너희에게 다가설 수는 없었으니까. 이미 몸에 밴 익숙한 말투, 너무나 익숙해서 새로울 것 없는 수업 방식, 어제와 다를 바 없는 무기력으로 너희를 보는 관성의 시선, 모든 것이 버릇처럼 익숙해서 지루해졌지. 그때는 확실히 무겁고 불편하더라도 나를 잡아줄 것이 필요한 시기였어.

교사로서 늘 너희에게 감사의 마음을 전했다고 생각했지만, 시간이 지나니 아쉬운 마음이 남아 있더라. 닭살이 돋더라도 더 많이 사랑한다고 말할 걸, 낯간지럽더라도 너희를 믿고 있다고 더 자주 말할 걸, 설사 불안하더라도 '오늘은 쉬어'라고 말할 걸, 문제집 풀어 오라는 말 대신에 여행 좀 다니라고 등 떠밀어줄 걸 하는 아쉬움이 파도처럼 밀려왔단다.

그러다 고3(12학년)이 되어서 뉴질랜드 여행을 간다는 너를 봤을 때 놀라고 기뻤어. 남들은 다 똑같이 보내는 고3 시절이 여행으로 채워질 너에게는 매우 특별한 경험이 되리라는 생각에 대견하고 기특하더라. 풍성한 추억을 만들 고3 시절의 여행이 훗날 네게 어떤 모습으로 발현될까 기대도 됐어. 과연 우리가 함께 보낸 시간이 헛되지 않았다는 생각이 들었지. 적어도 그 순간은 성공했다는 기쁨으로 벅찼어. 나와 다른 관점이면 불안에 떨 수도 있지만 그럼에도 너는 특별한 결정을 내린 거야.

지난 시간은 되돌릴 수 없다지만 내게 쌓인 아쉬움은 줄어들지 않더라. 다행스럽게 너희는 이러한 나를 아랑곳하지 않고 오히려 나보다 어른인 양 넉넉한 마음을 보여주었지. 어씨나 화통하던지 더분에 부담을 덜어낼 수 있었어. 내 아쉬움의 무게만큼 학생들에게 다가갈 용기와 힘을 얻었단다.

오늘은 변명 같은 편지를 써. 너희의 넓은 이해심에 보답하듯 속죄의 편지를 쓰고 있어. 교사로 살아가는 동안 너희를 향해 계속 편지를 쓸 것 같아. 밤하늘의 별만큼 다양하고 별들의 숫자만큼 무한한 너희들에게 마음을 쏟는 일, 이건 의지를 떠나서 무한한 책임의 문제야. 바로 교사의 자리가 짊어져야 할 일이기 때문이야. 신기한 건 책임을 느끼자 의지가 솟아났다는 사실이지. 얼마나 감사하고 다행스러운 일인지 몰라.

아마 너희가, 어디에 있건 무슨 일을 하건 나보다 더 잘할 거야. 자신의 자리에서 반드시 해야 할 일에 대한 의지를 기쁜 마음으로 받아들이는 일은 때론 힘들게 느껴질 수 있어. 나도 그랬으니까. 그동안 너희가 내게 보여준 사랑의 흔적만큼이나 강하고 아름다운 너희이기에 괜한 걱정은 하지 않으려고 해. 이러한 문제로 고민하고 있다면 만나서 이야기를 나누어 보자꾸나.

　문득 너희를 향한 마음을 전하기에 언어의 한계를 느끼게 된다. 내 마음을 표현해줄 단어가 있다면 밤새도록 쏟아내고 싶어. 너희도 알다시피 내가 무슨 소설가도 아니니 응원한답시고 가장 많이 했던 말은 '힘내'가 고작이었지. 오늘도 역시나 표현력에 부족함을 느끼지만 이 말 한마디만 하고 마칠게. 우리 함께 힘내자꾸나.

교육은 보내기
위한 것이다

오래된 기억이지만 선명하게 떠오르는 장면이 있다. 고등학교 시절, 교무실 앞에는 학생들의 성적표가 붙어 있었다. 등수가 높을수록 위에 있었는데 나는 정확히 중간 위치였다. 성적표를 보면서 무슨 생각이 들었는지, 어떤 감정을 느꼈는지 기억나지 않는다. 어쩌면 생각 자체를 버리고 무감하게 바라본 듯하다. 나만 그랬는지 다른 아이들도 그랬는지 알 길은 없지만, 이러한 폭력적인 상황에 노출된 학생 대부분 그러려니 하는 마음이었을 것이다.

이윽고 고3이 된 나는 담임 교사와 진학 상담이라는 걸 했다. 담임의 책상에는 유명 입시학원에서 제공한 진학지도안이 놓여 있었는데 몇 점을 받아야 어느 대학을 갈 수 있는지 명시하는 대학 서열화를 한 눈에 알아볼 수 있었다. 교무실에 앉아서 내 점수에 맞는 대학을 골랐던 30분 남짓한 그 시간이 고3 시절 담임 교사와 마주한 유일한 상담이었다.

딱히 내세울 의견이나 의지도 없이 어차피 갈 곳은 정해져 있다는 암묵적인 전제 아래 대학 몇몇을 골랐다. 교사도 나도 입 밖으로 말하지 않아도 은연중에 전해오는 것은 사회 가치였다. 그렇게 학교를 장악한 가치가 학생들에게 전달되는 과정에서 나의 가치는 숫자와 성적으로 대변되었다.

지금의 학교는 어떨까? 교사가 되어 섰던 교육의 자리는 어떤 모습이었을까? 보이는, 혹은 보이지 않는 그런 경험을 했던 내가 교사라는 사실이 신기했지만, 사실 두려움이 앞섰다.

해마다 수능일이 다가올 무렵이면 의식적으로 뉴스를 멀리했다. 반복해서 들려오는 수험생의 자살 소식에 무뎌지는 내가 싫었다. 그저 혀를 끌끌 차며 미간을 찌푸리는 것으로 안타까움을 표할 수밖에 없는 자신이 무력하게 느껴졌기 때문이다. 성적을 비관하여 자신을 내던지는 학생들을 볼 때면 고민이 깊어졌다. 도대체 '학교는 무엇을 위해 존재하나?'라는 원초적인 고민이 머릿속을 맴도는 이유이다.

교육이 무서운 이유는 학생들이 무엇을 사랑하고 무엇에 가치를 둘 것인지에 관해 영향을 미친다는 데 있다. 하루가 멀다 할 만큼 비판대에 올려지는 교육, 가볍디가벼워진 교육의 민낯에 실망한 날이 더 많음에도 교육의 힘은 여전히 세다. 다행인지 불행인지 사실이다. 마음이 찢어지는 가운데 우리는 자신을 내던지는 학생들을 생각해 봐야 한다.

나도 그렇지만 사람들은 진실을 두려워한다. 하지만 현실에 대한 처절한 자각 없이 교육의 회복은 허울뿐인 환상이다. 곪아가는 상처의 농을 빼려면 상처를 덮었던 반창고를 제거하고 상처를 벌려야 한다. 고름을 짜내듯, 상처를 마주하듯 애처롭고 사랑스러운 학생들을 다시 생각해야 한다.

사람은 사랑하는 존재다. 살아있는 사람은 평생 사랑하며 살아간다. 돈을 예로 들어보자. 돈을 사랑하는 사람의 행동 기저에는 돈에 대한 가치가 있다. 지금 하는 일이 돈을 더 많이 벌 수 있는 일인가? 어떻게 하면 돈을 잘 벌 수 있을까? 이들은 자기 삶의 의미를 이러한 질문에서 찾는다. 이 질문의 기저에는 말 그대로 '사랑'이 강력하게 작동한다. 사랑하는 대상에 대해 끊임없는 목마름을 느끼는 것이다. 오로지 돈을 추구하는 사람이 어느 날 삶의 의미이자 사랑의 대상이었던 돈을 잃게 된다면 살아갈 의미마저 상실하게 된다.

학생들은 어땠을까? 학교에 다니며 가슴에 품게 된 가치는 무엇이었을까? 사랑의 대상은 무엇이었을까? 학생들이 사랑한 대상은 학벌로 드러나는 숫자와 등급이다. 행복은 성적순이 아니라고 아무리 포장한들 학생을 둘러싼 어른과 교사, 거대한 사회가 성적을 강요한다. 언어로 표현하지 않는 더욱 무겁고 강력한 가치가 아이들에게 그대로 전달된다.

이외에 다른 가치는 장애가 될 뿐이다. 그래서 어른들은 앞만 보고 전력 질주하는 경주마를 조련하듯이 성적이나 대학이 아닌 다른 풍경에 눈 돌리지 못하도록 눈가리개를 제공한다. 하나부터 열까지 성적에만 힘을 쏟을 수 있도록 주변의 가치를 하나씩 제거한다.

중학교 때 가르쳤던 한 학생과 대화를 나누던 중에 아이 입에서 이런 불만이 터져 나왔다. 고등학교에 진학한 아이는 학교가 주는 지나친 압박감을 토로하며 이렇게 말했다.

"선생님, 우리 학교는 주말마다 전체 문자를 보내요. 그것도 부모님에게요."

"뭐라고 보내는데?"

"토요일 8시간, 일요일 8시간. 주말 동안 총 16시간을 공부할 수 있도록 지도 부탁드립니다."

순간 욕이 튀어나올 뻔했으나 차마 그럴 순 없었다. 아이는 한숨을 내쉬는 나를 이해시키려고 그랬는지 이렇게 덧붙였다.

"선생님 말대로 따라야 한대요."

"그야 그렇지만."

"아니요. 그래야만 원하는 대학 추천서를 써 주겠다고 했어요."

아이의 말에 어느 학교인지 찾아가 따지고 싶을 만큼 화가 났다. 그보다 당장 눈앞에서 이러한 현실을 받아들인다는 듯 헛헛한 표정을 지어 보이는 아이 얼굴이 마음을 무겁게 덮쳐 왔다. 너무 걱정하지 말라고 말해 주는 것이 내가 할 수 있는 유일한 조언이라는 사실이 더욱 슬펐다.

학생들은 주말에도 쉬지 않고 8시간씩 강요된 가치를 이루기 위해 시간을 쏟아붓는다. 시간을 들인 만큼 성과를 내려면 더욱 분투해야 한다. 다들 힘들지만, 각성제를 먹어가며 그렇게 한다. 세계에서 가장 극심한 스트레스를 받아가며 말이다.

현 교육이 강요하는 성적 사랑은 학생의 가치관 형성에 심각한 영향을 끼친다. 안타깝게도 이러한 현상은 우리가 '능력주의'라고 부르는 것과 같다. 성적과 학벌은 철저히 개인의 노력과 능력으로 만들어진 결과라고 본다. 결과는 학생 개인의 책임이다. 성적이 낮으면 학생이 노력하지 않았다는 반증에 지나지 않는다.

주말의 휴식까지 반납할 만큼 끊임없는 노력을 요구하는 이 사회를 향해 '노오오오력'이라는 비아냥으로 반응하는 요즘 현상은 결코 가볍게 지나칠 문제가 아니다. 성적 향상을 강요하는 지나친 노력 요구는 학생들을 철저한 경쟁 서열 아래 세운다. 일 잘하는 직장인이 성과급을 받듯, 학생들은 다른 아이보다 성과(성적)를 올려야만 인정받는다. 더 높은 점수와 등급으로 자신의 노력을 증명해야 한다.

공부는 엉덩이로 한다는 말이 나도는 만큼, 학생들은 책상에 앉아서 절대적인 시간을 보내야 한다. 재수생들의 수능 점수가 높은 이유다. 그들은 기숙학원 같은 시설에서 문제 풀이에 훨씬 많은 시간을 들이고 몸이 뒤틀리도록 의자에 앉아 있기 때문이다.

알다시피 등급은 선별 장치이다. 소고기 가격이 등급에 따라 매겨지듯이 아이들의 서열을 구분해서 앞자리부터 순서대로 뽑기 위해서다. 하지만 아무리 애를 써도 뒷자리를 벗어나지 못하는 학생들은 언제나 존재하기 마련이다. 곰곰이 생각해 보자. 학생들에게 등급을 부여하는 게 온당한 일인가? 만약 교사들에게 등급을 부여한다면, 당장 신문 사회면을 장식하며 공분의 목소리를 높일 것이다. 그러나 교육은 이러한 흐름을 멈추지 않는다. 왜 그럴까? 무엇이 우리를 상식 밖의 세상으로 내모는 걸까?

앞만 보고 달려온 학생들이 자신의 서열이 뒤로 밀려난 걸 알고 나면 어떤 생각을 할까? 숫자와 등급이 자신을 배신하는 이 상황을 어떻게 받아들일 수 있을까? 인격적이지 않은 사랑의 대상을 추구하다가 자신의 인격이 버림받는 현장은 그 사랑의 깊이가 깊은 만큼, 그 농도가 진한 만큼 상실감이 크다. 오로지 하나의 길밖에 없다고 여겼던 그곳이 막다른 골목이라는 절망. 믿음에 배신당한 패배감이 몰려올 것이다. 가장 심각한 문제는 삶의 이유가 되었던 사랑의 대상을 잃어버린 데 있다. 삶의 이유는 존재의 당위를 가리킨다. 존재가 존재로서 존재하지 못할 때, 삶은 무가치한 것이 된다.

그런 학생들을 떠올리는 것만으로도 괴롭고 미안하지만, '사랑의 상실'이라는 측면에서 그들을 이해하게 되는 현실도 못지않게 아프다. 사랑이 찬란하고 아름다우면서도 끔찍하고 무서울 수 있는 이유는 사랑하는 마음 그 자체에 있지 않다. 사랑하는 대상이 무엇인지가 중요하기 때문이다. 그동안 교육이 제시한 사랑의 대상이 무엇인지, 심각하게 되돌아 봐야 한다. 우리는 어떤 가치를 중심으로 시대의 과열 현상에 대안을 제시할 수 있을까.

무엇보다 학생들에게 평생의 가치들을 가르쳐야 한다. 학생들은 언제까지 학교에 있을 수 없다. 학교 울타리를 벗어나 사회에 나가서 자기 몫을 감당하며 살아갈 수 있도록 준비시키는 것이 학교의 역할이다. 단순히 직업교육을 말하는 게 아니다. 직업은 사람이 살아가는 요소 중 하나일 뿐, 학교가 담당해야 할 모든 것은 아니다.

입시는 말할 것도 없다. 사람이 잘살기 위해서 반드시 대학이 필요한가? 필요한 사람도 있고 그렇지 않은 이도 있다. 필요한 영역이 있고 그렇지 않은 곳도 있다. '보냄을 위한 교육(education for life)'은 삶 전체를 포괄하는 사람 노릇, 인간됨의 가치를 그 중심에 둔다.

학생들이 걸어갈 길은 학생 수만큼 존재한다. 학생들은 졸업 후 자신이 속한 영역과 공동체에서 스스로의 인격의 결을 따라 살아간다. 학교는 이렇게 다양한 학생들이 성숙하고 건강한 사람으로서 갖춰야 하는 가치를 중심으로 교육해야 한다. 비록 길은 다양하지만, 인간이 갖춰야 하는 가치의 흐름은 다르지 않다. 어디에 있든 무엇을 하든 사람으로서, 사람과 함께 살아갈 것이기 때문이다.

그동안 교육이 학생들에게 강요해온 몇 가지 사랑의 대상에 대한 우려를 금치 못하며 이후 우리가 추구해야 할 올바른 사랑의 대상을 이야기해 보고자 한다. 교육의 문제주의에 반대한다. 교육은 사람의 전인을 사랑의 대상으로 제시해야 한다. 학생들의 학습력만 중요시하는 교육을 '인지 중심적'이라고 하는데 나는 '문제주의'라고 부르고 싶다. 늦은 시각까지 문제집을 푸느라 잠 못 드는 수험생을 향해 고상한 말로 '인지 중심'이라고 부르고 싶지 않다. 설령 전인교육에 미치지 못했더라도 진정한 '인지 중심적' 교육을 했다면, 지금보다 나았을 것이다. 그래서 현재의 교육 모습을 '문제주의'라고 칭하려는 것이다.

이미 언급한 대로 학생은 인격체이다. 당연한 이야기를 왜 자꾸 해야 할까? 인격은 물리적 몸에 담긴 관념적인 인간성을 말하는 게 아니다. 인격은 정신과 마음, 몸 전체이다. 인격을 세 단어 중 하나만 손꼽으라면 모두 포괄할 수 있는 '몸'이다. 그렇다면, 이런 질문을 해 보자.

"교육에서 우리가 배제한 것은 무엇인가?"

"교육에서 인격의 자리는 어디인가?"

"교육에서 학생들의 몸은 어디 있는가?"

사람이 사물을 인식할 때 논리와 관념만으로 인식하지 않는다. 아니, 논리와 관념의 인식 비중이 훨씬 작다. 사람은 몸으로 이루어진 존재이기 때문이다. 이 문제를 다룬 학자들은 수없이 많다. 특히 과학철학자인 마이클 폴라니(Michael Polanyi)와 철학자인 메를로 퐁티(Maurice Merleau-Ponty)는 여러 차이가 있지만, 공통으로 객관주의적 인식론을 비판하고 암묵적 지각을 주장했다.

쉽게 말해 지식은 대상을 인식하는 주체와 인식되는 대상을 분리해야만 얻을 수 있다는 게 객관주의적 인식론의 골자다. 이러한 인식론은 과학과 함께 부상하고 강화되었기에 주로 '과학적', '실험적' 같은 단어로 표현된다. 즉 논리적인 명증성을 상당히 따지는데, 논리실증주의가 극단적 예이다.

앞서 이야기한 객관주의적 인식론에 따르면 지식에는 인격이 배제되어야 한다. 인식하는 대상과 주체가 철저히 분리되어 있기 때문이다. 안타깝게도 우리 교육은 객관주의적 인식론의 영향을 받았다. 아니, 객관주의적 인식론이 추구하는 인간론을 받아들였다고 보는 게 더 낫겠다.

거듭 주장하건대, 교사는 학생들의 인격적 몸을 찾아주어야 한다. 언제부터인지 교육은 학생들의 머리만을 대상으로 보는 듯하다. 사람은 복잡하고 복합적인 존재다. 자연주의적 관점으로만 바라보거나 과학적 접근 방법을 통한 교육만 할 순 없다. 학생들은 각자의 신념, 의지, 가치관 등으로 자신들 또한 형이상학적 존재임을 표현한다. 개개인의 몸에 익은 재능을 통해 몸의 습관이 가진 힘을 입증한다.

독일 철학자 마르쿠스 가브리엘(Markus Gabriel)은 저서 『왜 세계는 존재하지 않는가(Warum es die Welt nicht gibt)』에서 삶의 궤적에 있는 무한한 '의미장'에 관해 다룬다. 각자 일상적인 경험이 개인의 의미가 되는 수많은 '장들(fields)'이 그것이다. 같은 공간, 같은 대상을 두고 사람에 따라 의미장은 제각각 다르다. 그 무한의 의미장들은 서로의 인격에 각기 다른 모습으로 자리잡는다. 교육의 주체인 교사, 학생이 그러하다.

이러한 이론만 본다면 교육이 얼마나 무모하고 어려운 일인지 직감적으로 느낄 수 있다. 그렇다고 포기할 것인가? 아니다. 우리가 할 수 있는 만큼 학생들을 인격적 대상으로 바라보면 된다. 그들의 전인격을 교육의 대상으로 삼아야 한다. 그래야만 학생들이 자신의 삶을 이끌어 나갈 수 있는 성인의 역량을 갖출 수 있다. 불가능해 보이더라도 어쩌겠는가? 그게 교육자가 감당할 일이다.

전인격을 교육의 대상으로 삼는 일은 무한한 다양성을 마주하는 일과 같다. 자꾸 반복되는 이야기지만, 거대한 다양성과 마주한다는 사실이 교육을 포기하지 않게 만드는 동력이다. 이는 지금보다 더 다양한 사람들이 교육 공동체로서 교육에 동참할 것을 요구한다. 그래서 자신이 할 수 없다는 걸 깨닫는 게 중요하다.

이것은 우리가 흔히 말하는 겸손과는 다르다. 할 수 있으면서 못하는 척, 혹은 겸양의 거드름을 피우며 '후훗' 하고 웃어넘기라는 이야기가 아니다. 모르는 영역에 대한 솔직한 인정이야말로 부족한 영역에 다른 사람을 초청하는 용기로 이어진다.

각 교과부터 전체 교육과정, 학생상담, 학교의 구조 등이 학생의 인격적인 몸을 지향할 때, 교사는 물론 학생들도 자신의 인격을 사랑하게 된다. 이 사랑은 내부에 머물지 않고 밖을 향한다. 내가 마주한 대상이 나와 같은 사람이기 때문이다.

그래서 교육은 개인주의를 반대한다. 교육은 타자를 사랑의 대상으로 제시해야 한다. 그동안 교육이 명시적으로, 잠재적으로 강요했던 사랑의 대상은 철저히 자기 자신이었다. 점수와 등급이 그 기준이 되었다. 개인의 지적 능력만을 대상으로 하는 교육은 경쟁을 위한 구조이며 강요다. 타인과 경쟁하는 상대적 등급이 소위 모범생의 기준이 되는 현실에서 배타와 경쟁은 선택이 아닌 필수이기 때문이다.

이렇게 자란 학생들은 자신만을 향한 좁은 관점을 갖게 되고 내가 아닌 다른 사람들은 관심과 사랑의 영역 밖에 놓이게 된다. 갈수록 타자의 기쁨과 아픔은 공감할 수 없게 된다. 철학자 한병철은 『피로 사회』라는 저서에서 이런 상태를 일컬어 '나르시시즘적 자기 관계'라고 불렀다. 이 속에 타자의 차원은 존재하지 않는다.

사실 학교 교육은 타자와 함께하는 공동체를 추구한다. 학교 교육의 본질은 결코 개인적 차원에 머무를 수가 없다. 만약 학교가 그 목표를 개인의 성취로만 한정한다면 물리적 공간에 같이 모여서 공부할 필요가 없지 않을까. 칸막이로 분리된 공간에서 각자 자기에게 맡겨진 일을 수행하면 그뿐이다. 학교라는 교육기관을 통해 학생들을 교육하고, 다른 공동체에서도 학생들을 만나야 한다면 그 속에 내포된 가치인 타자와 공동체를 사랑하도록 가르쳐야 한다.

교육은 결국 학생들을 보낼 준비를 해야 한다. 학생들은 어디로 가야 하는가? 개성에 맞는 각자의 삶의 영역을 찾아가야 한다. 이런 다양성은 학교 밖, 즉 사회라는 거대 공동체에 포함된다. 결국에는 각자 다른 빛깔로 사회 공동체를 빛낼 것이다. 이런 맥락에서 개인주의는 다시금 우리를 휘청이게 한다. 찰스 테일러(Charles Taylor)가 『불안한 현대 사회』에서 말했듯이 개인주의는 몸을 통한 타자와의 상호작용, 사회의 정치적 시민 의식을 무의미하게 만든다. 다른 사람을 향한 자기 폐쇄적 태도는 자신을 넘어선 그 어떤 것도 인지하지 못하게 한다.

우리 학생들을 떠올려 보자. 그들에게 역사는 한국사 점수가 전부이다. 세계는 어떠한가? 논술을 위한 재료? 철학과 정치는 비문학 국어 영역을 위한 도구로 전락했을 뿐이다. 너무 비관적인가? 그렇지 않다. 좀 더 솔직하게 상황을 직시할 필요가 있다. 테일러는 자기 자신 밖의 대상을 의식하지 못하는 현상, 그것이 곧 현대 사회의 불안 요소 중 하나인 '삶의 의미 상실'이라고 했다.

이미 익숙한 단어 아닌가? 앞서 이야기했던 안타까운 학생들이 다시 떠올라 눈을 질끈 감고 손을 모았다. 그들을 생각하면 마음이 아프다. 학생들이 추구하고 사랑해야 할 대상이 무엇인지에 따라 삶의 의미는 강화될 수도, 없어질 수도 있다.

대한민국은 선진국이다. 우리는 풍요로운 교육 여건을 갖추고 있다. 이런 상황에서 왜 그토록 학생들에게 자신만을 바라보도록 교육해야 하는지 의문이다. 타자를 향한 적극적인 태도인 '책임'을 가르칠 때도 되지 않았을까? 우리 의지로 원해서 대한민국에 태어난 게 아니다. 그건 학생들도 마찬가지다. 지금 우리가 누리는 자원과 환경은 능력주의가 목청껏 외치는 것처럼 '개인의 능력'으로 얻어진 게 아니다. 역설적이지만 상대적으로 어려운 환경에 있는 사람들에 대한 책임을 다해야만 하는 이유이다.

개인이 가진 자원과 환경이 어떻게 교육과 사회에 영향을 미치는지에 대해서 정리해 놓은 좋은 책이 있다. 로버트 퍼트넘(Robert David Putnam)의 『우리 아이들:빈부격차는 어떻게 미래 세대를 파괴하는가(OUR KIDS: The American Dream in Crisis)』이 그것이다. 물론 미국의 이야기지만, 한국의 상황을 보여주는 듯한 착각에 빠질 정도로 감정이입이 압권이다. 양적, 질적 연구가 잘 조합된 책이니 읽어 보실 것을 추천한다.

이는 안보다 밖을 향한 적극적인 시선이다. 아름다움이다. 가진 자가 덜 가진 자를 바라보는 시선은 그들의 능력을 비하하는 것이 아닌, 부채의식을 느끼는 책임의 시선이어야 한다. 교육이 그것을 추구할 때, 학생들이 타자와 공동체를 사랑하기 시작할 때, 비로소 따뜻한 현실이 될 것이다.

타자와 공동체의 중요성은 1장과 2장에서 교사와 학생을 이야기했던 것과 결이 같다. 할 수 있는 것과 할 수 없는 것, 할 수 있는 여유가 있는 사람이 할 수 없는 사람의 빈자리를 채워주는 것, 여력이 있는 누군가 나의 결핍과 아픔을 메꾸어 주는 것. 이렇게 서로가 서로에게 책임감을 느끼도록 하는 것이 전인교육의 힘이다. 퍼즐을 맞추듯 서로의 넘침과 공백이 하나의 큰 그림을 그리는 세상을 꿈꾼다면 너무 이상적인가.

이 글을 읽을 여러분과 '보냄을 위한 교육'의 길을 함께 걸어왔다. 이 길의 끝에 무엇이 있을지 나도 모른다. 다만 지향하는 바는 명확하다. 어떤 책의 제목처럼, '삶을 위한 교육'이다. 앞서 1장부터 이야기한 모든 내용이 학생들의 '삶'을 향한다. 그래서 교육은 의미 없는 정보를 다뤄서는 안 된다.

교육은 의미로 가득한, 삶에 질문과 고민을 던져주는 지식을 도구 삼아 앞서 제시한 가치들을 추구해야 한다. 이런 이야기에 대한 교사들의 반응은 다양하다. 비아냥일 수도 있고, 순수한 질문일 수도 있다. "어쩌라는 거요?", "나는 물리를 가르치는데, 삶에 의미 있는 지식을 가르치라고요?", "수학 교사인데?", "그럼, 영어 단어 평가는요?", "화성학에서 삶의 의미를 찾으라고요? 무슨 뜻?"

과학 교사로서 이런 반문의 의미를 모르는 바 아니다. (DNA 구조에서 의미 있는 질문을, 토양의 변화 과정을 설명하며 고민거리를 찾는 건 쉬운 일이 아니다!) 내게는 교사들의 질문에 만족할 만한 답변을 제시할 능력이 없다. 답변할 능력도 없으면서 질문을 했으니 욕을 먹어 마땅하겠지만, 비판받을 각오로 하고 싶은 말이 있다. "그건 선생님이 하셔야 하는 일입니다." 아, 어디선가 돌이 날아오는 것 같다. 하지만 어쩌겠는가.

개별교과를 가장 많이 고민할 사람, 학생을 위해서 머리를 쥐어뜯으며 고뇌해야 하는 사람은 교사이다. 고등학교의 경우, 개별 학문의 깊이가 심오해지기에 교과 교사가 아니라면 건드릴 엄두가 나지 않는 것도 사실이다. 솔직히 말해 볼까? 교사라면 교실에서 학생들로부터 지겹도록 듣는 질문이 있지 않은가. "선생님, 이거 왜 배워야 해요?" 불량한 의도를 담아 턱을 들고 반항하는 학생도 있다.

상상만으로 화가 날 수도 있다. 하지만 알다시피 눈빛을 반짝이며 정말 순수한 마음으로 궁금해 하는 학생들이 더 많다. 초등에서 중고등으로 오면서 그 질문은 줄어든다. 학생들에게 만족할 만한 답변을 주어서 그런 것일까? 이참에 마지막으로 교사들에게 전하고 싶은 말이 있다. 물론 스스로 다짐하면서 말이다.

교사는 동영상을 틀면 나오는 일타 강사가 아니다. 미디어 기기 속 강사는 일방적으로 지식과 정보를 전달한다. 기껏해야 학생은 동영상 아래 댓글을 통해 소통할 뿐이다. 영상 속 강사는 학생과 같은 공간에서 같은 공기를 마시며 함께 걸어가는 존재가 아니기에 학생을 피부로 느낄 수 없다. 강사의 생각과 감정, 삶을 전달할 수도 없고 그럴 이유도 없다.

이런 관점에서 2020년부터 시작된 코비드 19(Covid-19)의 급속한

전파는 교육계에 많은 고민을 던져주었다. 학교는 바이러스로 인해 그동안 생경했던 온라인 수업을 시작했다. 영상을 통해서 학생을 만날 수밖에 없는 갑갑한 교육 환경이 펼쳐졌다. 학생과 교사들에게 준 충격 또한 상당히 크다. 디지털 리터러시에 대한 정보와 활용이 폭발적으로 증가했다. 학생들의 학습에 다양한 도구를 사용한다는 측면에서는 매우 고무적이라고 할 수 있다.

다만 교사를 향해 질문을 던져 보자. 교실에서 학생들을 만나서 수업하던 방식과 미디어 기기를 통한 수업 방식은 다른가? 만약 직접 학생을 대면해서 교과 정보를 전하는 것과 영상을 통해 전하는 것 사이에 아무런 차이점이 없다면? 기기를 사용한다는 점을 제외하고 불편한 점이 전혀 느껴지지 않는다면 교사는 자신의 정체성을 영상 속 정보전달자로 규정해 버리고 마는 것이 아닐까?

슬픈 일이 아닐 수 없다. 그렇다면 교사는 AI로 바뀌어도 무방하고 그래야만 한다. 정보의 양과 깊이에 있어서 우리는 이미 인터넷과 AI를 따라갈 수 없다. 내가 뭐라고 구글(Google)을 이기겠는가?

그래서 중고등 교사들이 자기가 맡은 교과에 자신을 가두지 않았으면 하는 것이 나의 바람이다. 이건 AI의 위협에 대처하자는 말이 아니다! 교사의 존재, 그 강력한 정체성을 걸고 던지는 도전이다. 물론 개별교과가 담고 있는 학문의 아름다움과 그 속에 담긴 여러 가지 의미를 모르는 바 아니다. 교사에게 맡겨진 교과는 학교를 구성하는 매우 중요한 요소이자 도구임에 틀림이 없다.

교사는 교과보다 훨씬 크다. 한 사람 안에 내장된 삶의 흔적을 분절된 하나의 교과 안에 가둘 수는 없는 노릇이지 않은가. 그래서도 안 되지만 그럴 수도 없다. 교사는 원하든 원하지 않는 자신의 인격을 학생들에게 전하게 된다. 말로 하면 명시적, 말로 하지 않으면 잠재적 교육이 된다. 교사들이 항상 들어왔던 말처럼 교사는 '명시적+잠재적' 교육과정이다. 이런 사유를 공감했다고 해서 질문이 끝난 것은 아니다.

"학교는 무엇을 위해 존재하는가?"

"교사는 어떤 존재여야 할까?"

"학생은 누구인가?"

"교육은 무엇을 지향해야 하는가?"

이런 고민은 끝나지 않을 것이며 끝나서도 안 된다. 교육에 대한 고뇌가 끝날 때, 교육도 종말을 맞이한다. 교육을 향한 길고 깊은 본질적 질문은 학생들이 삶을 사랑하고 살아갈 수 있도록 하는 지렛대를 세워 나갈 것이다. 쉽지 않다. 너무 힘들어서 나는 한때 이탈하기도 했다. 이제는 함께 걸어가고 싶다. 혼자서는 할 수 없으니 말이다.

지금도 한 학생이
생각납니다

학생들을 사랑하는 마음이 생긴 건 기적이었습니다. 찬찬히 곱씹어보면 당연한 일이라는 생각이 들어요. 수많은 학생이 대가 없는 사랑을 제게 쏟아부어 주는데, 작은 존재인 제가 어찌 그 사랑을 담아낼 수 있었겠습니까?

학생들과의 시간을 저만의 비밀 공간에 채워 놓고 싶은 바람입니다. 그만큼 아이들과 연결된 시간과 추억이 소중했습니다. 학생을 위해 교사가 존재한다고 생각했는데, 교사로서의 행복을 그들이 채워주었습니다. 갈등이 생길 때도 있었습니다. 학생과 교사 간에도 긴밀한 관계가 필요해요. 본질 중 하나지요. 학교와 교실뿐 아니라 사회로 진출한 후에도 연결되어 있습니다. 졸업 후에 어깨를 나란히 하고 생각과 경험을 나누는 시간은 행복합니다.

지금도 한 학생이 생각납니다. 어떤 이유에선가 갈등을 빚기도 했던 제자였습니다. 학교를 졸업하고 직장에 잘 다니고 있습니다. 조바심이 날 때도 있지만 묵묵히 연락을 기다리며 지내게 됩니다. 우리는 깊이 신뢰하니까요. 언젠가 만나는 날에 꼭 안아주고 싶습니다.

초보 교사 시절, 교육이 낭만적인 일이라 생각했어요. 햇살이 내리쬐는 교정, 낡은 교실 창살 너머로 환하게 미소를 짓는 인자한 교사와 해맑게 웃는 학생들이 있는 풍경을 그렸습니다. 막상 학교에 그러한 풍경은 영화의 한 장면에 불과하더군요. 의아했습니다. 저도 그렇게 웃고 싶었는데 말이죠. 이제야 알 것 같습니다.

교육에 대한 본질적인 고민, 교육의 이상과 상관없는 입시구조 아래 무력함, 교육의 주체자인 인간, 특히 학생에 대한 처절한 고민 없이는 일말의 낭만도 주어지지 않는다는 사실 말이지요. 교육의 낭만은 처절한 고민 뒤에 가려져 있다고 생각합니다.

이 글을 읽는 선생님들에게 교사로서 얄팍한 위로를 드리려는 게 아닙니다만, 힘내시라고 말하고 싶어요. 교사로서 꺼내기 힘든 고민이 있다면 치열하게 고민하시라고, 그 고민에 힘을 쏟으시기를 응원합니다. 고뇌의 심연만큼 낭만을 갖게 되실 거라고 믿습니다.

달콤한 위로는 힘이 없었습니다. 그보다 현실 속에서 교육의 본질에 맞춰 변화시키려는 의지가 필요했습니다. 무엇보다 동료가 필요하고요. 그러니까 저의 응원을 받아주세요. 제게도 선생님의 힘을 주세요.

자녀교육을 맡겨주신 학부모님에게 고맙습니다. 사랑하는 마음만큼 서로 믿고 의지하는 시간을 보내게 된 것에 감사할 따름입니다. 자녀들에게 오늘 하루 학교에서 어떤 사람들과 어떤 대화를 했는지, 어떤 사랑을 받았고 무엇을 기뻐했는지 물어봐 주세요.

아이들이 자신의 삶을 힘껏 이끌어갈 수 있는 능력은 부모님과의 관계에서 비롯된다고 생각합니다. 교육의 기초에 부모의 존재가 필요한 이유겠지요. 학생 상담을 하다 보면, 부모님과 대화하는 학생들이 건강하다는 걸 알 수 있어요. 부모님과 관계가 그렇지 못한 학생은 유리잔처럼 불안한 마음이 듭니다. 모범생이라도 예외가 없거든요. 부모라는 존재의 무거움을 느끼게 됩니다. 저 역시 세 아이 부모니까요.

학생들에게도 하고 싶은 말이 있어요. 정말 사랑스럽습니다. 학생들은 그 자체로 사랑스러워요. 이 사실을 잊지 않기를 바랍니다. 그리고 여러분의 야성을 되찾길 기대합니다. 야성은 앉아서 문제를 푼다고 해서 생기는 건 아니에요. 그렇다고 '하고 싶은 걸 하세요', '눈치 보지 말고, 닥치고 해', '쫄지 마. 넌 너니까!!'라는 광고 문구를 따라하는 건 아닙니다. 고민 없이 기계적으로 문제를 푸는 것과 깊은 성찰 없이 제멋대로 행동하는 것, 둘 다 의미 없는 일이기 때문이지요.

삶을 이끌어가는 원동력이 아무런 고민 없이 쉽사리 만들어지지는 않거든요. 진지하게 성찰하는 시간을 가지면 좋겠어요. 함께 고민할 사람이 있다면 좋겠네요. 친구도 좋지만, 어른과도 함께 나누길 바랍니다. 그 대상이 부모님이나 선생님이라면 참 뿌듯할 것 같아요.

이 땅에 존재할 수 있도록 남편으로, 아빠로, 교사로서 살아갈 수 있도록 존재 이유를 계속해서 부어주시는 전능하신 하나님 아버지. 교사로 살아가기가 쉽진 않지만, 가치 있는 일을 맡겨 주시니 기쁘고 감사할 따름입니다. 때마다 귀한 사람들을 통해 힘주시고 때론 일깨워주셔서 감사합니다.

행복한 이 순간은 저의 일부분이 되어 교사로 살아가는 동안 한 자락의 힘을 줄 테니까요. 저의 글을 읽어주신 분들께 고마움을 전합니다.

마지막으로 이 책을 세상에 내보내며 고마움을 전합니다. 그동안 주고받은 편지를 함께 읽어준 세현, 예빈, 지원, 예은입니다. 책나눔 동아리 〈북토리〉에서 만나 대학을 졸업한 지금까지도 책과 함께한 소중한 인연이지요. 편지를 쓰고 좀 더 솔직할 수 있도록 이끈 학생들이자 자주 편지를 나눈 제자들입니다.

편지들을 모아 책으로 엮으려니 별의별 생각이 들더군요. '편지에 이렇게 써놓고 제대로 살지 못하면 어떡하지?'라는 두려움이 앞설 때 제자들은 용기를 주었습니다. 누가 스승이고 누가 제자인지 따질 것도 없이 귀한 만남입니다. 동역자이기도 하고요.

더불어 늘 최고의 남편이라고 인정해주는 아내에게 고마움을 전합니다. 아빠가 세상에서 가장 멋지다고 말해 주는 가율, 선율, 노율이 있어 저는 자존감을 잃지 않는 사람이 되었습니다. 쉬지 않고 교육 현장의 이야기를 쏟아내는 제 이야기를 들어주는 일만도 지칠 법한데 아내는 늘 제게 격려를 아끼지 않습니다. '교사 김병재'를 완성하기까지 가장 큰 영향을 미친 인류인 셈이죠. 늘 교육의 본질로 향하도록 이끌어주는 아내와 세 아이에게 사랑을 전합니다.

출판사 강영란 대표님과 이진호 이사님. 첫 만남부터 긴 대화가 끊어지지 않을 만큼 사유의 결에 공감할 수 있었습니다. 촘촘하고 따뜻하고 날카로운 조언이 있었습니다. 책이 저자의 전유물이 아님을, 함께하는 것임을 깨닫게 되었지요. 고맙습니다.